KB202024

장기 투자자의 성장 여정

우상향
하는
나의 인생

좌진수 지음

힘움

우상향의 신념으로

나는 특별한 재능도, 대단한 배경도 가진 사람이 아니다.

중학교 시절, 친구들의 괴롭힘 속에 하루하루를 버텨야 했고, 고등학교 시절엔 의지할 곳 하나 없이 혼자 꿈을 지켜야 했다.

삶이 내게 시련을 줄 때마다, 나는 한 번씩 무너지고 다시 일어서며 스스로에게 다짐했다.

"나는 반드시 나아진다. 삶은 결국 우상향한다."

역도는 내게 고통과 인내의 의미를 가르쳐 줬다.
당장의 성과는 보이지 않아도, 매일 꾸준히 반복하면 결국 기록은 향상된다는 것을.

군대에서는 내면의 질서를 세웠고, 트레이너로서는 수많은 사람들의 변화 속에서 또 다른 가능성을 보았다. 그리고 투자자로서는 시간의 힘과 인내의 가치를 배웠다.

그 모든 시간이 나에게 하나의 진리를 남겼다.

"조금씩, 꾸준히, 기다릴 줄 아는 자만이 진짜 우상향을 경험한다."

이 책은 단순한 투자 이야기가 아니다.

삶을 대하는 자세, 실패를 견디는 법, 단기적인 욕심보다 장기적인 성장에 집중하는 마음가짐에 관한 기록이다.

내가 걸어온 이 평범한 길이 누군가에게 작은 나침반이 될 수 있다면, 그 자체로 이 책은 의미가 있다.

나는 지금도 믿는다.

"성공은 기술이 아닌, 인성과 태도에서 나온다. 그리고 우상향을 믿는 확신과, 그 시간을 견디는 인내가 결국 모든 것을 바꾼다."

지금 당신이 어떤 상황에 있든, 어떤 벽 앞에 서 있든, 이 한 문장은 꼭 기억해 주었으면 한다.

"지금 당장 눈에 보이지 않더라도, 우상향은 반드시 온다."

2025년 4월

좌진수

· 목 차 ·

1

역경과 성장의 시작

- 중학생 시절 괴롭힘과 극복 과정
- 투자자의 마인드를 형성한 역도 경험

중학생 시절 괴롭힘과 극복 과정

초등학교를 졸업한 후, 저는 태권도 선수가 되기 위해 우리 동네에서 꽤 먼 중학교에 진학했습니다. 그러나 첫날부터 계획은 틀어졌습니다. 체육 선생님께서는 이미 태권도 선수 T/O(모집 인원)가 꽉 찼다고 알려주셨습니다.

실망감에 빠진 저는 진로를 급히 바꿔 경찰대를 목표로 삼았습니다. 하지만 공부에 익숙하지 않았던 저는 중간고사에서 실망스러운 성적을 받고 한 학기 동안 방황했습니다.

그러던 어느 날, 체육 시간에 농구를 하고 있을 때 체육 선생님께서 체육관으로 저를 불러내셨습니다. 당시 덩치가 있었던 저에게 선생님은 역도라는 스포츠를 소개해 주셨습니다.

"태권도는 상대와 겨루는 경기지만, 역도는 자신과의 싸움이란다."라는 말씀이 제 마음을 강하게 울렸습니다.

마침 2008년 베이징 올림픽에서 장미란 선배님이 금메달을 따며 역도에 대한 국민적 관심이 높아진 시기였습니다. 저는 '나 자신과의 싸움'으로 메달을 딸 수 있는 역도의 매력에 빠져들었습니다.

처음에는 학교에서 역도 선수가 저 혼자였지만, 얼마 지나지 않아 네 명의 동기가 합류했습니다. 주장이 된 저는 뜻밖의 상황에 부닥치게 됐습니다.

담배를 피우지 않는다는 이유로 동기들 사이에서 놀림거리가 되었고, 심한 괴롭힘을 당했습니다. 그 괴롭힘의 수위는 입으로 말하기조차 힘들 정도였습니다.

하지만 저는 절대 그들의 부정적인 유혹에 넘어가지 않고 묵묵히 버텼습니다.

투자자의 마인드를 형성한 역도 경험

역도는 저에게 인생의 중요한 교훈을 가르쳐 주었습니다.

이 스포츠는 단기간에 성과를 내는 운동이 아니었습니다. 하루하루 꾸준히 기록을 쌓아야 하는, 마치 장기 투자와도 같은 인내의 과정이었습니다.

주위에서 조롱을 당해도, 당장 눈에 보이는 변화가 없어도, 시간이 지나면 내 노력은 반드시 결과로 나타난다는 확신을 갖게 됐습니다.

1년 가까이 기록이 늘지 않았을 때도 있었습니다. 별의별 방법을 다 시도해 봐도 성과가 나타나지 않는 시기가 있었지만, 저는 포기하지 않고 꾸준히 훈련했습니다.

그러다 어느 순간, 갑자기 기록이 올라가는 경험을 했고, 이런 경험은 훗날 저의 투자 철학의 근간이 되었습니다.

투자 시장도 마찬가지입니다. 시장이 요동치고, 다른 사람들이 조롱해도, 자신만의 원칙과 기준을 지키는 것이 무엇보다 중요하다는 사실을 깨달았습니다.

괴로웠던 시간을 버틸 수 있었던 것은 가족의 존재 덕분이었습니다. 집에 돌아가면 언제나 따뜻하게 맞아 주시는 어머니, 아버지, 그리고 동생이 있었기에 이겨 낼 수 있었습니다.

이 시기를 통해 저는 더욱 강한 내면을 갖게 되었고, 이것이 훗날 제가 투자의 길을 선택하게 된 중요한 바탕이 되었습니다.

빠른년생이었던 저는 또래보다 근육 성장이 느렸지만, 포기하지 않고 꾸준히 훈련한 결과 중학교 3학년 전국대회에서 인상, 용상, 합계 금메달 3개를 따며 중학교 시절을 자랑스럽게 마무리했습니다.

저를 괴롭혔던 동기들은 다른 학교로 떠났고, 저는 제주도의 명문 체육 고등학교인 남녕고 체육과 역도부에 6명 중 2명만 선발되는 관문을 통과하게 되었습니다.

2

자산 형성의 여정

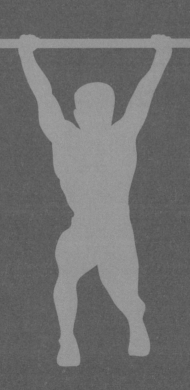

- 고등학교와 첫 노동 경험
- 골프 캐디와 서비스 마인드
- 군대에서의 자기 계발
- 트레이너 성공 스토리와 리더십
- 투자자로의 전환

고등학교와 첫 노동 경험

고등학교에 입학한 후, 저의 꿈은 2020년 도쿄 올림픽이었습니다. 운동이 너무 좋아서, 학교 문이 닫힌 일요일이면 테니스장 담을 넘어 세탁실을 지나 역도장으로 들어가 혼자 훈련을 하기도 했습니다.

하지만 2학년이 되며 혼란이 시작되었습니다. 좋은 리더와 함께라면 꿈을 이뤘을지도 모르지만, 현실은 달랐습니다.

합숙 생활을 하던 고2 시절, 저는 코치와 갈등 끝에 1년 넘게 서로 말을 하지 않았습니다. 야간 운동이 끝난 후, 저녁 점호를 받기 전까지 혼자 고민하다가 결국 존경하던 선배에게 전화를 걸었습니다.

펑펑 울며 저의 상황을 털어놓았고, 선배는 자신의 아픈 경험을 나눠 주며 위로해 주었습니다. 그 뒤로 우리는 서로 연습 영상을 주고받으며 피드백을 나누었습니다.
그러나 주운동과 보조운동의 기록은 좀처럼 늘지 않았습니다. 고3이 되었을 때, 저의 기록으로는 대회 입상이 불가능했습니다.

실망도 컸지만, 저는 늘 리스크를 고려하는 성향이었습니다.
저는 "부모님 덕에 성공했다."는 말을 듣고 싶지 않았고, 중학생 때부터 어머니가 부동산을 통해 권리수익을 얻는 모습을 보며 자산에 대한 감각을 익혀 왔습니다.

그래서 첫 목표를 선언했습니다. "나는 서른 전에 10억 자산가가 될 거야." 친구들이 대학교를 고민할 때, "나는 아파트 10채가 목표야."라고 말했습니다.

목표가 생기자 구체적인 계획을 세우기 시작했습니다. 우선 자본이 필요했는데, 당시 제가 잘할 수 있는 건 운동뿐이었습니다.

그렇게 아르바이트를 찾던 중, 친한 후배가 아버지가 건설업을 하신다며 저를 추천해 줬습니다. 후배가 와서 "형, 일 같이하자"고 했을 때 정말 기뻤습니다.

제가 맡은 일은 건설 현장 청소였습니다. 해 뜨면 시작하는 현장 생활. 안전모를 쓰고 먼지를 뒤집어쓰며 시멘트 포대를 날랐지만, 저는 이 모든 것을 '운동'이라 생각하며 즐겁게 일했습니다.

하루 일당 8만 원, 집에 돌아오면 더러워진 옷을 보며 '오늘도 열심히 살았구나'라는 뿌듯함을 느꼈고, 일이 없으면 다른 현장에 가서도 일하며 돈을 모았습니다.

이때 저는 생각했습니다.
"노가다도 못 버티면 캐디도 못 버틴다."

골프 캐디와 서비스 마인드

고3 합숙 생활 중이던 저는 새벽마다 잠을 이루지 못할 정도로 불안에 떨었습니다. 그 불안의 근원은 미래의 직업이었는데, 당시 남자 캐디는 잘 뽑지 않았고, 사회적 인식도 좋지 않았기 때문입니다. 그럼에도 불구하고 저는 이 직업에 매력을 느꼈습니다. 일당 4시간에 12만 원, 하루 2번 일하면 24만 원이라는 고수익이 저를 사로잡았습니다.

간절함을 품고 열심히 알아보던 중, 운명적인 기회가 찾아왔습니다. 역도 동기가 자신의 어머니가 해비치 골프장 캐디 팀장이라며 저를 추천해주겠다고 한 것입니다. 면접 날, 차가 없던 저는 시외버스터미널로 가서 셔틀을 기다렸는데, 차가 오지 않았습니다. 시간에 늦을까 두려웠던 저는 지도 앱을 켜고 6㎞나 되는 거리를 걷기 시작했습니다. 낯선 도로를 걷다가 중간쯤에서 히치하이킹을 시도했고, 운 좋게도 캐디 선배님께서 차를 태워주셔서 면접장에 도착할 수 있었습니다.

면접에서 팀장님은 저의 패기에 감명받은 듯했습니다. 고등학교도 졸업하지 않은 19살 소년이 면접을 위해 걸어왔다는 사실이 좋게 보였던 것 같습니다. 팀장님은 제 부모님의 직업을 물으셨고, 저는 "아버지는 초등학교 선생님, 어머니는 은행원입니다."라고 답했습니다. 팀장님은 부모님이 저를 걱정하지 않을까 우려하셨지만, 저는 망설임 없이 "괜찮습니다."라고 대답했습니다.

그리고 저는 그 자리에서도 제 인생의 목표를 당당하게 선언했습니다.

"저는 30살 전에 아파트 10채를 살 계획이 있습니다."

지금 생각해 보면 당시에도 목표 선언의 중요성이 몸에 배어 있었던 것 같습니다. 팀장님은 저에게 신입 캐디 교육을 받으라고 하셨고, 저는 정말 기뻤습니다. 그리고 이때 깨달았습니다. 운은 준비된 사람만이 잡을 수 있으며, 운도 어느 정도 컨트롤 가능하다는 것을.

신입 교육을 받게 되었지만, 한 가지 걸림돌이 있었습니다. 아직 성인이 아니었기에 운전면허증을 취득할 수 없었던 것입니다. 저는 2월 3일 생일이 빨리 오기만을 기다렸고, 성인이 되자마자 저의 첫 자산(혹은 부채)을 만들었습니다. 730만 원짜리 아반떼 HD. 지금도 저는 이 차를 소중히 타고 다닙니다.

처음에는 무급으로 선배님들 옆에서 일했습니다. 골프에 대한 이론과 서비스 마인드를 배우는 시간이었습니다.

회원님의 볼이 날아간 위치를 파악하고, 코스를 설명하며, 핀과의 거리를 계산하고, 그린의 라이를 읽는 것이 가장 중요했습니다. 선배님들이 일하는 모습을 곁에서 보며 열심히 배웠고, 비록 서포트 역할이었지만 최선을 다했습니다. 볼이 숲에 들어가면 열심히 찾아드리고, "굿샷!"을 우렁차게 외치며 첫 만 원의 팁을 받았을 때는 정말 기뻤습니다.

팀장님은 아직 경험이 부족한 저를 현장에 투입하기를 조심스러워했지만, 성격이 급했던 저는 당장 일할 수 있다고 자신했습니다. 첫 현장 투입은 쉽지 않았습니다. 교육 때는 '볼 2개만 기억하자'였지만, 실제로는 4명의 회원님을 모시게 되어 진행이 매끄럽지 못했습니다. 그럼에도 서비스

정신과 긍정적인 말로 회원님들을 잘 모시며 4시간 안에 라운딩을 마쳤습니다. 4시간이 넘으면 선배님들에게 혼이 나는 상황이었기에 시간 내에 끝낸 것이 다행이었습니다.

처음은 힘들었지만, 점차 실력이 늘면서 저는 진행에 무리가 없는 경력자 캐디로 성장했습니다. 기본 캐디피 12만 원을 '딱피'라고 불렀는데, 팁을 받지 못한다는 것은 회원님들에게 제대로 서비스하지 못했다는 의미였습니다. 선배님들이 3만 원, 5만 원씩 팁을 받는 모습을 보며 저 역시 어떻게 해야 할지 고민했습니다.

단순한 친절함만으로는 부족했습니다. 회원님께 커피 한 잔을 드릴 때도 말의 표현이 중요했습니다.

"회원님, 이 커피 한 잔 드시고 오늘 즐거운 라운딩이 되셨으면 합니다."

하지만 시간이 지나면서 저도 모르게 진정성을 잃어 가고 있었습니다. 신입 캐디 시절에는 숲에 들어간 볼을 찾기 위해 열심히 뛰어다녔지만, 어느새 해저드 처리한다며 찾는 시늉만 하고 있었습니다. 그린도 제대로 읽지 못하니 회원님들이 스코어를 줄일 수 없었고, 팁도 받을 수 없었습니다.

초심을 되찾기로 마음먹었습니다. 일이 끝난 후 잔디 정리를 하러 갔을 때, 볼을 챙겨 그린에 굴려 보며 라이를 익히기 시작했습니다. 제주도는 한라산이 있어 오르막처럼 보이는 곳도 있고, 반대쪽에 한라산이 있으면 평지로 보이는 착시가 있다는 것을 체득했습니다.

'여기서는 왼쪽으로', '여기는 오르막', '내리막', '오른쪽' 등의 특성을 하나하나 외웠고, 이런 노력 끝에 저는 더 이상 딱피만 받는 캐디가 아니게 되었습니다.

캐디 생활은 철저한 자기 관리가 필요했기에 새벽 4시 20분에 일어나 출근하고, 내일을 위해 오후 9시면 무조건 잠자리에 들었습니다. 단 한 번도 지각하지 않을 수 있었던 것은 매일 아침 함께 일어나 주신 아버지 덕분이었습니다. 지금도 아버지께 항상 감사한 마음을 품고 있습니다.

그렇게 23살까지 저는 열심히 일했습니다. 또래 친구들이 술자리에서 즐거운 시간을 보내고 있을 때도, 저는 미래를 위해 술을 마시지 않았습니다. 사치를 부리지 않았으며, 비 오는 날에도 비바람을 뚫으며 신발이 젖어도 묵묵히 캐디 일을 해냈습니다. 그 결과 군 입대 전까지 6,500만 원이라는 목돈을 모을 수 있었습니다.

이 시간들을 통해 저는 장기 투자자로서의 마인드를 다져 갔습니다. '장기 투자자는 리스크를 시간에 녹인다'는 말이 있습니다. 제가 생각하는 '시간에 녹인다'는 것은 저평가 상태든 향후 성장성이 더 높든, 현재보다 미래에 더 많은 사람이 가치를 인정하고 신뢰할 것이라는 확신을 갖는 것입니다. 가격이든, 가치든, 시장의 규모든 지금보다 커질 것이라 믿는 대상에 투자하는 것이 장기 투자의 본질입니다.

저에게 있어 이런 매일의 노력과 절제는 미래를 위한 투자였습니다. 남들이 놀 때 일하고, 남들이 쓸 때 모으고, 남들이 포기할 때 버티는 것. 이것이 저의 성공 방정식이었습니다. 투자는 100m 달리기가 아닌 마라톤이라는 사실을 몸소 체험했습니다. 한순간에 벼락부자가 되는 것은 투자 시장에서 로또와 같은 확률이며, 진정한 부는 고통과 시간을 감내하고 얻어내는 보상이라는 것을 깨달았습니다.

군대에서의 자기 계발

모든 대한민국 남자들처럼 저도 군 복무를 해야 했습니다. 의무경찰에 7 번이나 지원했지만 계속 떨어지고 결국 육군에 입대하게 되었습니다.

인생 최대의 고비라고 생각했지만, 캐디 일을 하면서 다양한 사람들과 소통하며 쌓은 대인관계 능력이 있었기에 군 생활도 잘해 낼 수 있을 거라 믿었습니다.

전라남도 광주광역시 31사단 훈련소에 입소했습니다. 운동을 3년이나 쉬었음에도 체격이 좋아 훈련소에서도 금방 눈에 띄었습니다.

저는 항상 효율적으로 생각했습니다. '어떻게 하면 더 많은 휴가를 받을 수 있을까?' 훈련소에서 체력 테스트 1등을 하면 사단장 포상 휴가 4박 5 일을 받을 수 있다는 것을 알고 그것을 목표로 삼았습니다.
레슬링, 복싱 선수 출신들과의 경쟁에서도 결국 1등을 차지했습니다.

수료식 날, 우리 가족은 단상 위에서 제 경례를 받았습니다. 저는 군 생활 도 잘해 낼 수 있을 거라 생각했지만, 자대 배치 후 개인적인 성향이 드러 나면서 적응에 어려움을 겪었습니다.

첫 위병소 근무에서는 암구호를 외우지 않고 들어갔다가 2시간 동안 혹독한 꾸중을 들었습니다. '키도 작고 몸도 안 좋고 사회에서는 무시할 것 같은 사람에게 왜 하루하루 욕을 먹으며 지내야 하는가?' 하는 의문이 들었고, 저는 방어적인 태도를 취했습니다.

선임들은 제가 마음의 울타리를 치고 있다고 말했습니다. '울타리가 있는데 가시 같았다'고. 저는 사랑하는 사람들만 저의 울타리 안에 들이는 성격이었기에 적응하기 어려웠습니다.

그럼에도 저는 항상 보상에 목말라 있었습니다. 외박이 있으면 반드시 받으려고 노력했고, 결국 동기들이 50일 휴가를 받을 때 저는 80일이나 받을 수 있었습니다.

조기 진급도 두 번이나 했습니다. 사단장 포상으로 한 번, 그리고 특급 전사가 되어 한 번 더. 병 기본 공부를 할 때마다 선임들이 '그런다고 선임 대우 안 해 준다'며 핀잔을 주기도 했지만, 저는 꾸준히 노력하여 특급 전사가 되었고, 덕분에 비록 8만 원 차이지만 동기들보다 더 많은 월급을 받게 되었습니다.

그리고 저는 군대에서 돈을 관리하는 법을 배웠습니다. 일당제로 일할 때는 만 원 한 장 쓰는 것도 아까웠지만, 월급 50만 원이 안정적으로 들어오자 휴가 때 사용할 여유가 생겼습니다.

이 경험은 안정적인 월 현금 흐름의 중요성을 깨닫게 해 주었고, 이것이 훗날 저의 장기 투자 철학의 핵심이 되었습니다. 안정적인 월 현금 흐름이 있는 상태에서 모아 둔 자산을 건드리지 않고 생활할 수 있어야 멀리 바라보는 투자가 가능하다는 것을 배웠습니다.

또, 군 생활 중 가장 가치 있는 일은 다시 운동을 시작한 것이었습니다. 역도에서 웨이트 트레이닝으로 전환하여 몸을 단련했고, 어떤 어려움이 있어도 절대 화를 내지 않고 차분하게 대응하려 노력했습니다.

그러다 가장 힘든 시기에 어머니의 백혈병 소식을 들었습니다. 정신적으로 극도로 힘들었고, '왜 이런 곳에서 내 가치를 낭비하고 있는가'라는 생각이 자꾸 들었습니다.

그때 저를 지탱해 준 것은 운동이었습니다. 역도와 보디빌딩은 비슷하면서도 달랐습니다. 역도가 힘과 속도, 무거운 중량을 다루는 것이라면, 웨이트는 근육을 성장시키고 몸을 아름답게 건설하는 것이었습니다.

저는 그렇게 스스로를 사랑하는 법을 배웠습니다. 거울에 비친 내 모습을 보며 긍정적인 생각으로 군 생활을 이어 갔습니다.

병장이 되었을 때 코로나가 발생해 외출과 휴가가 제한되었지만, 2020년 7월 7일 전역 예정이었던 저는 남은 휴가를 모두 모아 40일을 한 번에 써서 민간인 신분으로 전역했습니다.

군 생활은 제게 '변동성'에 관한 중요한 교훈을 주었습니다. 투자에서 변동성은 거의 언제나 수수료지 벌금이 아니라는 것입니다.

인생에서도 마찬가지입니다. 때로는 힘든 시기, 불확실한 시기가 있지만, 그것은 결국 더 큰 성장을 위한 필수적인 과정일 뿐입니다.

변동성과 불확실성이라는 수수료는 더 나은 미래를 위한 입장료와 같은 것이었습니다. 저는 군대라는 변동성 큰 시기를 자기 계발의 기회로 삼아 더 나은 미래를 준비했습니다.

트레이너 성공 스토리와 리더십

전역 후 저는 망설임 없이 제주도에서 가장 유명한 피트니스 센터 면접을 보러 갔습니다. 주변 친구들은 "그 회사는 입사하지 마라, 더 좋은 피트니스 많다."고 만류했지만, 저는 그 회사에서 반드시 성장할 수 있을 거라 확신했습니다.

그래서 저는 매니저님과 면접에서 당당하게 선언했습니다.

"저는 트레이너로서 웨이트와 재활 분야에서 '좌진수'라는 이름을 들으면 떠오르는 사람이 되고 싶습니다. 성장하고 싶습니다."

그 당시 직급 체계는 CS(고객 서비스), FT(피트니스 트레이너), PT주니어, PT, PT시니어, PT팀장, 매니저, 지점장 순이었는데, 저는 가장 낮은 CS로 입사했습니다. 아직 전역을 완료하지 않은 상태라 6월 월급을 7월로 미루고, 6월 1일부터 마감 근무를 시작했습니다. CS 업무는 센터 청소, 기구 정리, FC 업무 보조였고 오후 3시 출근해서 밤 12시까지 일했습니다.

매일 아침엔 운동하고, 집에서 근육 해부학을 공부한 후 출근했습니다. 골프 캐디로 밖에서 더울 때 땀 뻘뻘 흘리며, 비바람 맞고 일했던 것과 달리, 에어컨 나오는 실내에서 근무하는 것이 천국 같았습니다. 무엇보다 제가 사랑하는 운동을 할 수 있다는 것에 감사했습니다.

코로나로 피트니스 업계가 전체적으로 어려웠지만, 저는 항상 부족하다는 마음가짐으로 더 열심히 몸을 관리하고, 바디 프로필도 찍고, 육지에 가서 해부학 교육과 근육 촉진법, 체형 분석을 꾸준히 공부했습니다.

PT주니어로 승진했을 때 저는 회사에 대한 환상이 깨지는 사건을 경험했습니다. 트레이너는 월 매출과 수업료로 급여가 결정되는데, PT주니어는 월 매출 400만 원을 달성하지 못하면 기본급 130만 원도 받지 못했었습니다. 어느 달, 아무도 매출을 달성하지 못할 때 저는 러닝머신에 있는 회원, OT 실패자, OT 거부자들에게 연락해서 정말 도와주고 싶은 마음으로 상담했고, 400만 원 매출을 처음으로 달성했습니다.

하지만 기쁨도 잠시, 회사에서는 400만 원이 아닌 401만 원을 해야 월급을 더 준다고 했습니다. 제가 왜 매출을 올렸는지 다시 생각하게 된 순간이었습니다. 돈이 없어서가 아니라 매정한 회사에 대한 실망이 컸고, 회사에 대한 비전이 사라졌습니다.

그 회사에는 트레이너가 10명 있었는데, 개인적 성향이 강해 자신의 노하우를 절대 공유하지 않는 사람들이 많았습니다. 하지만 저는 운 좋게도 두 명의 훌륭한 선배를 만났습니다. 한 선배는 PT시니어로 매출도 센터에서 제일 높고 수업 내용도 뛰어났고, 또 다른 선배는 세일즈의 달인으로 고객이 거절해도 결국 결제하게 만드는 능력이 있었습니다.

"아무리 몸 좋고 지식이 좋아도 회원님들이 결제를 안 해 주면 알려 줄 수 없어."

이 말에 깊은 울림을 느꼈던 저는 그 선배의 상담 내용을 녹음하고, 그것을 저의 세일즈 노트에 적어 나만의 화법을 만들어 갔습니다.

매출은 꾸준히 올라갔지만, 회사 구조상 저를 챙겨 주기 어려웠습니다. 그러던 중 다른 회사 매니저님이 면접 제안을 해 왔습니다. 제가 존경하는 선배는 "진수는 그 회사 가는 게 맞다"고 조언해 주었습니다. 저는 하염없이 울었습니다. 늘 열심히 하는 모습을 보여 팀장님이 절 알아봐 주길 바랐는데, 그렇지 못했습니다.

새 회사에서 저는 오전 6시 오픈 근무자였습니다. 성장에 목매달아 오전 6시 수업이 노쇼인 날에는 저의 세일즈 스크립트를 메모장에 펴 놓고 롤플레잉을 반복했습니다. 첫 달 700만 원, 두 번째 달 1,000만 원, 세 번째 달 1,000만 원, 네 번째 달 2,000만 원 매출을 달성했습니다. 그 회사에서 최고 실적이었습니다.

하지만 매출이 잘 나오다가도 신규 유입이 적어지면 급락했고, 다섯 번째 달은 24만 원 매출에 그쳤습니다. 그럼에도 저는 행복했습니다. 수업이 200개에서 150개로 줄어도 이전 회사보다 월평균 급여는 500만 원으로 훨씬 많이 벌고 있었고, 현금 자산이 있어 마음이 편했습니다.

어느 날 대표님이 저에게 도전 기회를 주셨습니다. 망해 가는 지점을 맡아 달라는 제안이었습니다. 그 센터는 정말 무너지기 일보 직전이어서, 그곳에서 제가 한 첫 행동은 OT 실패자와 거부자에게 연락하는 것이었습니다. 첫날부터 700만 원 매출을 올렸습니다. 전 지점 80명의 트레이너 중 누가 1등인지 보여 주는 매출표에서, 저는 팀장님에게 단언했습니다.

"팀장님, 저 무조건 1등 할 겁니다."

7개 지점 중 꼴등 지점에서 1등을 말하고 있으니 팀장님은 저를 밀어줄 수밖에 없었습니다. 저는 10개 OT 중 9개를 성공시켰고, 그달 3주 만에 3,000만 원 이상 매출로 전 지점 1등을 차지했습니다.

센터 분위기가 완전히 바뀌었습니다. 우리는 '할 수 있는' 지점이 되었습니다. 저는 아침 6시부터 10시까지 풀 수업을 하며 평균 수업 230개, 매출 1,000만 원은 기본이었고, 항상 월초 매출표에서 1등 아니면 3등을 차지하며 평균 급여는 650만 원이었습니다.

진급을 원했던 저는 자기 계발서를 탐독하며 빈 시간에 솔선수범해 지점 매출 포지션을 잡고, 직원 교육과 청소, 홍보까지 모든 일에 최선을 다했습니다. 제주도에서는 "좌진수라는 사람, 얼굴은 몰라도 이름은 다 아는" 상태가 되었습니다. 월초마다 1,000만 원 매출을 올리는 사람으로 인정받아 PT시니어 진급 면접을 보게 되었습니다.

면접에서 저는 시니어의 정의와 역할, 진급을 원하는 이유, 지향하는 시니어상, 우선 실행 계획, 굿 팔로워의 의미, 팀원 지원 사례, 고성과 유지의 중요성에 대해 이야기했습니다. 80명 중 8명만 진급하는 수석 진급에 제가 포함되었습니다. 제가 존경했던 그 위치까지 마침내, 도달한 순간이었습니다.

관리자가 된 후 저는 리더십의 중요성을 더 깊이 깨달았습니다. 이제 저 혼자 1,000만 원 매출을 올리는 것보다, 제 밑의 5명이 각각 1,000만 원씩 해서 5,000만 원 매출을 만드는 것이 중요했습니다. 리더십 책을 읽기 시작하며 '어렸을 때 이걸 알았더라면 얼마나 달라졌을까'라는 생각이 들었습니다.

이너서클을 형성하고, 몰입하는 팔로워를 굿 팔로워로 만들어 칭찬과 관심을 주고, 그들이 성장해 팀에 긍정적 영향을 미치게 하는 방법을 배웠습니다. 회사에서 영향력 있는 직원들의 목표를 지지하고, 솔선수범과 희생, 시간 투자를 통해 팀을 이끌었습니다.

하지만 진급 후의 현실은 달랐습니다. 돈을 더 벌기 위해 진급했지만, 간부 교육에 참석하는 것도 싫어졌습니다. 내 사업이 아니라는 생각이 들면서, 월 650만 원 벌던 제가 500만 원을 벌게 되자 의욕이 떨어졌습니다. 더구나 의지할 사람이 없었습니다.

제가 생각하는 좋은 리더는 직원의 목표를 이루어 주진 못해도 그들의 이야기를 들어줄 수 있는 사람이었습니다. 하지만 저의 고민을 상부에 말할 수 없었습니다. 분위기가 그랬습니다. 트레이너가 운동하면 무시당하는 시스템, 그 시간에 "매출! 매출! 매출!" 수업 하나라도 더 했으면 하는 회사 분위기였습니다.

결국 저는 존경하는 선배에게 하지 못했던 이야기를 털어놓고, 회사를 그만두기로 결심했습니다. 하지만 이 회사에서 배운 리더십 경험은 제가 사업을 하거나 투자를 할 때 꼭 활용해야겠다고 다짐했습니다.

새로운 작은 헬스장으로 옮긴 저는 이제 팀도 없이 오로지 혼자의 힘으로 일해야 했습니다. 도움받을 곳이 없었고, 데스크도 없어 아래 카페에서 상담하거나 스트레칭 매트에서 상담했습니다. 이 시기에 엄청나게 책을 읽었고, 전 회사에서 평균 수업 230개, 회원 48명을 관리하며 보디빌딩 대회도 출전할 정도로 열심히 살았습니다.

그러다 갑자기 회원이 3명으로 줄었습니다. 불안감이 엄습했습니다. 돈이 없지는 않아서 놀면서 살아도 될 상황이었지만, 마음이 불안했습니다. 그래서 새 목표를 세웠습니다. 월 1,200만 원 벌기, 회원 20명 확보하기.

첫 달에는 단가 4만 원으로 시작해(전 회사 평균 단가 6만 5천 원보다 훨씬 저렴하게) 3명으로 시작해 매출 480만 원을 올렸습니다. 주로 이전 회사의 회원과 지인 소개였습니다. 그러나 두 번째 달에는 한 명이 왔다가 150만 원 결제 후 환불해 매출이 0원이었습니다. 정말 힘든 시기였습니다.

그때 깨달았습니다. 제가 전 회사에서 단가 8만 원~6만 원에 회원 48명, 월평균 매출 1,500만 원을 했던 것은 저를 보고 온 것이 아니라 회사 이름을 보고 찾아온 것이었다는 사실을. 저는 달라져야 했습니다. 더 많은 리더십 책을 읽고 공부하며 빈 시간을 채우려 노력했지만, 쉽지 않았습니다. 운동도 마음대로 되지 않았습니다.

그래도 포기하지 않았습니다. 새벽 6시에 일어나 명함과 함께 좋은 글들을 써서 차에 붙였습니다. 연락은 기대하지 않았습니다. 그저 새벽 공기를 마시며 유산소 운동한다는 마음으로 시작했습니다.

5개월이 지나는 동안 전 회사에서 수차례 복귀 제안이 왔습니다. 대표님, 이사님, 함께 일했던 동료들까지 "다시 같이 하자"는 말이 이어졌습니다.

심지어 존경하는 선배도 "내가 지점장인데 같이 하자"고 제안해 주셨습니다. 하지만 저는 도전을 포기하지 않았습니다. 솔직히 엄청 흔들렸습니다. 군 전역 후 "골프 캐디는 절대 안 한다"고 다짐했으면서도, 다시 캐디를 할까 고민했을 정도였으니까요.

그러나 저는 자신이 있었습니다. 저의 수업을 한 번 받으면 무조건 결제하고 평생 관리받고 싶어진다는 확신이 있었습니다. 5개월이 지나고 월평균 급여는 250~300만 원 정도였습니다. 적은 금액은 아니었지만, 수업 수가 많이 부족했습니다.

이 상황을 깨트린 것은 전 회사의 회원이었던 샐러드 사장님이었습니다. 처음엔 편의점 사장님이었지만, 저를 만나고 샐러드 가게까지 차려 사업이 번창하신 분이었습니다. 함께 술을 마시며 대화하던 중, 사장님은 제게 필요한 것이 '모임'이라고 조언해 주셨습니다.

모임? 이 책을 읽고 있는 독자님들도 알겠지만 저는 단합, 모임 같은 것이 맞지 않는 사람이었습니다. 회사 다닐 때도 '단합 X'가 내 단점이었을 정도였습니다. 하지만 어쩌겠습니까? 현재 도움받을 곳이 없고, 동네 네트워크를 만들어 사람을 만나야 했습니다. 그래서 첫 모임에 참석했습니다.

그 모임은 뭔가를 배우는 자리였습니다. 저는 몸이 좋아 인기가 많았고, 먼저 말을 걸지 않아도 사람들이 다가왔습니다. 국대 교정 기술이 있어 담이 걸리든, 허리가 아프든, 목이나 어깨가 불편하든 자신 있게 도울 수 있었기 때문입니다. 그러던 중 헬스 클래스를 열어 줄 수 있냐는 제안이 왔습니다.

단가 3만 원의 그룹 수업이었습니다. 5명이 참석했고, 나눠서 수업을 진행했습니다. 하체, 등, 가슴 클래스를 열어 제가 할 수 있는 모든 것을 보여 줬습니다. 카페에서 커피를 사 드리며 이야기를 나누었고, 신뢰가 쌓이자 소문이 났습니다. '수업 퀄리티 진짜 좋은 선생님'이라고. 자연히 결제가 이어지고 지인 소개가 늘었습니다.

이때부터 저는 아침 6시 수업 후 명상 10분, 일기 쓰기, 책 읽기를 했습니다. 특히 대형 카페가 아닌 동네 카페, 어머님들이 있는 카페에 트레이너처럼 보이게 옷을 입고 책을 읽으러 다녔습니다. 누군가 말을 걸어 줄 때까지 기다렸다가, 말이 걸려 오면 "제주도 재활 1등 트레이너 좌진수입니다."라고 소개했습니다.

한 어머님이 허리 수술했다고 하시자, 저는 "저희 센터에 오시면 무료로 체형 분석과 케어해 드리겠습니다."라고 제안했습니다. 허리가 편해지고 걸음걸이가 가벼워지자 어머님은 만족하셨습니다. 그 자리에서 결제는 안 했지만, 저는 이때 세일즈를 강요하지 않았습니다. 만족하면 하는 거고, 아니면 안 하는 거였으니까요. 봉사하는 마음으로, 저렴한 가격에 진행하고 싶었습니다.

그러자 진심이 통했습니다. 어머님은 '마당발'이었고, 제주도는 지역이 좁아 지인 소개가 최고의 마케팅 전략이었습니다. 전 회사에서는 지인 소개를 받을 수도 없었지만, 저의 상황에선 지인 소개가 정답이었습니다. 그러다 보니 1시간 거리인 서귀포, 김녕, 한림에서도 저를 찾아오기 시작했습니다.

그렇게 처음으로 980만 원을 벌게 되었습니다. 저는 회원들에게 부담스

러울 수 있지만 솔직히 선언했습니다.

"1,200만 원이 제 목표입니다."

지인 소개를 해 주면 1회 서비스, 후기 글 작성하면 1회 서비스를 제공한다며 제 명함을 건넸습니다. 결국 저는 목표했던 1,200만 원을 넘어 월 최고 매출 1,500만 원을 달성했습니다. 다시 수업 200개를 하는 트레이너가 되었습니다. 오전 6시에 대표님과 함께 오픈하고 11시에 퇴근했습니다.

상황이 좋아지고 수업이 많아지면서 그동안 했던 모임과 노력을 등한시하게 되자, 매출이 떨어졌습니다. 월 급여도 당연히 감소했습니다. 이 과정에서 저는 엄청난 불안을 느꼈습니다.

투자자로의 전환

인간은 이득보다 피해에 대해 과도하게 생각하는 경향이 있습니다. 심리학에서는 이를 '손실 회피 편향'이라고 합니다. 쉽게 말해 월 1,000만 원 벌던 사람이 1,500만 원, 3,000만 원 벌게 되어도 크게 기뻐하지 않는다는 것입니다. 하지만 999만 원으로 줄어들면 불안해지고 심리적 타격을 입습니다. 인간은 이득보다 손실에 훨씬 더 민감하게 반응하기 때문입니다.

저 역시 그랬습니다. 월 1,200만 원 벌던 사람이 갑자기 700만 원, 500만 원, 심지어 0원을 벌 때도 있었습니다. 이때 저는 중대한 결정을 내려야 했습니다. 사업을 계속할 것인가, 아니면 투자로 방향을 전환할 것인가? 이 순간부터 저의 인생이 바뀌었습니다.

저는 사업 대신 투자를 선택했습니다. 우상향할 자산을 찾아 공부하고 투자를 시작했습니다. 하지만 첫걸음은 순탄치 않았습니다. 우크라이나-러시아 전쟁 등 세상의 공포가 극에 달했을 때 저의 투자 금액은 -50%였습니다. 수업하는 와중에도 공포에 떨었습니다.

그러나 저는 장기 투자자로서 우상향하는 자산에 제가 버는 월급으로 꾸준히 적립식 매수를 이어 갔습니다. 점차 마음의 안정을 찾았습니다. 물론 -30%, -50%를 버티기는 쉽지 않았습니다. 하지만 가격보다는 수량에 집중하며, 그 자산의 펀더멘탈과 가치에 집중한 결과 목표했던 수량을 모두 확보할 수 있었습니다.

이제 저는 일을 하지 않아도 되는 상황이 되었습니다. 하지만 진정한 자산은 아직 저에게 완전한 선물로 오지 않았습니다. 저는 이제 압니다. 월 현금 흐름을 높여 자산을 지키면서, 하루하루 자신의 가치를 높이며 살면 언젠간 반드시 보상이 온다는 것을.

지금 저는 하루 수업을 5개 이하로 줄였습니다. 때론 돈을 못 벌 때도 있었지만, 매일 2시간 운동으로 제 몸을 우상향시키고, 책을 읽고, 장기 투자 마인드를 공부했습니다. 많은 이들이 -70% 손실을 볼 때, 저의 수익률은 복리처럼 세 자릿수로 올라갔습니다.

제가 트레이너로서 경험한 성공과 좌절, 그리고 리더십의 경험들은 모두 투자자로서의 저의 삶을 준비하는 과정이었습니다. 리더십의 부재를 경험하며 리더십의 중요성을 깨달았고, 성과를 내기 위한 노력의 가치를 배웠으며, 진정성의 힘을 체감했습니다. 이 모든 경험이 장기 투자자로서의 제 철학을 만들어 갔습니다.

트레이너로서의 성공은 달콤했지만 일시적이었습니다. 진정한 자유와 성장은 장기적 안목으로 바라보는 투자의 세계에서 찾았습니다. 그리고 이것이 제가 궁극적으로 선택한 길입니다.

3

마음의 부자가 되는 길

행복은 내 마음에 있다

행복은 내 마음에 있다

하루에 운동을 2시간 하고 가족과 행복하게 지내며 하루하루를 우상향하면서 살게 해 준 것, 자산 10억 목표에서 최소 200억 자산 목표를 생각하게 만든 마인드, 내 마음 자체를 풍요롭게 한 투자 철학을 나누고 싶습니다.

무엇보다 가장 중요한 원칙은 이것입니다. 스스로 행복하다고 생각하지 않으면 세상에 있는 돈이나 물건, 그 어떤 것을 가져도 행복하지 않다는 것. 행복은 결국 내 마음에 있다는 것을 명심하세요.

대학 다닐 때 골프 캐디를 하느라 일주일에 수요일만 학교에 갔습니다. 그러던 어느 날, 졸업을 도와줬던 형이 연락해 왔습니다. 이 형은 간간이 연락했는데, 주로 돈을 빌리려는 목적이었지만 이번에는 조언을 구하는 것 같았습니다. 지인들에게 돈을 빌렸다며 자신의 인생을 한탄하고 세상에 대한 원망을 쏟아냈습니다.

그때 제가 떠올린 말이 있습니다. "빚이 1억, 5억, 10억 있어도 거지가 아니야. 형, 빚을 갚을 방법을 생각하면 그건 부자야. 포기하는 순간 거지가 되는 거니까 절대 포기하지 마."

이 말을 끝으로 돈을 빌려주었고, 형은 약속 날짜에 맞춰 갚지는 못했습니다. 하지만 저는 계속 격려했습니다. "내 돈 말고 다른 사람 돈부터 다 갚고 연락해. 형, 그 빚은 형의 현금 자산이야. 절대 포기하지 마."

몇 년이 지나고 형에게서 다시 연락이 왔습니다. "고맙다, 진수야. 늦었지만 지인들 돈 다 갚았고, 이자까지 붙여서 넣었어." 이런 경험이 제게 긍정적인 생각의 힘을 가르쳐 주었습니다.

저는 항상 "나는 할 수 있다"는 마음가짐을 유지했습니다. 중학생 때의 괴롭힘, 군대에서의 괴롭힘, 트레이너 생활의 어려움에도 불구하고 말이죠. OT 수업 들어가기 전에는 항상 화장실 거울 앞에서 큰 소리로 "할 수 있다!"를 5번씩 외쳤습니다. 가끔 매니저님과 눈이 마주쳐 머쓱한 적도 있었지만, 꾸준히 했습니다. 이건 저만의 자신감을 키우는 최면이었습니다.

주변 사람들은 "너는 체력이 정말 좋아서 수업을 평균 230개나 소화할 수 있는 거야."라고 말했지만, 제 대답은 달랐습니다.
"아니야, 누구나 할 수 있어."
저는 매일 오전 5시에 기상해 5시 30분에 출근하면서 차 안에서 백미러로 제 눈을 들여다보며 "할 수 있다! 할 수 있다! 할 수 있다! 나는 행복하다! 행복하다! 행복하다!"를 외쳤습니다. 이렇게 하면 텐션이 올라가 오전 6시 수업의 퀄리티가 떨어지지 않았습니다.

좋은 서비스는 오감 만족입니다. 후각, 시각, 미각, 청각, 촉각 중 최소 세 가지는 챙겨야 합니다. 전날 술 마시고 머리도 안 감고 모자 쓰고 냄새 풍기며 졸린 눈으로 수업하면 누가 결제를 해 주겠습니까?

군대에 있을 때도, 어머니가 아플 때도 마찬가지였습니다. 더욱 몰입했고, '엄마는 괜찮을 거야'라고 생각하며 주말에는 하루 종일 체력 단련실에서 시간을 보냈습니다. 부정적인 생각을 지우고 오로지 저 자신에게만 집중했습니다. 이것이 제 인생에서 급락이 있을 때, 힘들 때 버티는 방법이었습니다.

4

트레이너에서 투자자로

- 로버트 기요사키의 가르침
- 후배에게 전한 지혜
- 나의 결론: 투자자로서의 길

로버트 기요사키의 가르침

제가 트레이너에서 투자자로 전환하게 된 계기는 무엇일까요? 저는 로버트 기요사키의 『부자 아빠, 가난한 아빠』를 세 번 정도 읽었습니다. 이 책을 통해 제가 투자자의 길을 선택한 이유를 설명해 드리겠습니다.

두 아버지의 대조적인 철학

로버트 기요사키에게는 두 명의 아버지가 있었습니다. 하나는 '가난한 아빠'로 그의 친아버지였고, 교육을 중시하며 안정적인 직장을 가지는 것이 경제적 성공의 길이라 믿었습니다. 하지만 그는 결국 경제적으로 큰 부를 이루지 못했습니다. 반면, '부자 아빠'는 그의 친구의 아버지로, 사업과 투자를 통해 자산을 구축하며 금융 지식을 바탕으로 부를 쌓았습니다.

가난한 아빠는 좋은 학교를 나와 안정적인 직장을 얻는 것이 중요하다고 가르쳤지만, 부자 아빠는 돈이 어떻게 움직이는지를 이해하고 자산을 통해 돈이 일하게 만드는 것이 진정한 경제적 자유의 길이라고 가르쳤습니다. 이 두 가지 상반된 관점을 통해 저는 어떤 길을 선택할지 깊이 고민하게 되었습니다.

자산과 부채: 돈이 일하게 하라

이 책에서 배운 핵심 원칙 중 가장 중요한 것은 자산과 부채의 차이를 명확히 이해하는 것입니다:

- **자산**: 우리 주머니에 돈을 넣어 주는 것 (예: 임대 부동산, 배당 주식, 사업 지분)
- **부채**: 우리 주머니에서 돈을 빼 가는 것 (예: 대출 상환, 자동차 할부, 카드 빚)

가난한 사람들의 재무제표는 단순합니다.
- 월급 → 지출(세금, 주거비, 식비, 교통비 등)

반면 부자들의 재무제표는 다릅니다.
- 자산 → 수입(임대료, 배당금, 이자, 로열티 등) → 지출

가난한 사람들은 자신이 구매한 부채를 자산이라 착각합니다. 반면 부자들은 돈을 벌어 소비하는 것이 아니라, 자산을 키우고 부채를 최소화하는 전략을 씁니다. 부자는 돈을 위해 일하는 것이 아니라, 돈이 자신을 위해 일하도록 만듭니다.

자산에 투자한 돈은 나의 가장 충실한 직원과 같습니다. 가장 좋은 점은 하루 24시간 일하고, 앞으로 수세대에 걸쳐서도 일할 수 있다는 것입니다.

ESBI 모델과 나의 선택

로버트 기요사키의 ESBI 모델은 경제적 활동을 네 가지로 분류합니다:

- E(Employee): 봉급생활자 - 시스템을 위해 일함
- S(Self-employed): 자영업자 - 시스템 그 자체가 됨
- B(Business Owner): 사업가 - 시스템을 만들고 운영함
- I(Investor): 투자자 - 시스템에 돈을 투자함

트레이너로 일할 때 저는 'S' 영역에 속했습니다. 혼자서 월 1,000만 원 이상을 벌었지만, 지속적으로 이 수준의 소득을 유지하는 것은 쉽지 않았습니다. 아무리 성과를 내도 제가 직접 일하지 않으면 수익이 발생하지 않는 구조였고, 늘 불안감이 존재했습니다.

자영업자 vs 사업가: 맥도날드의 교훈

'B' 영역의 사업가가 될지도 고민했습니다. 피트니스 센터를 창업할 수도 있었지만, 사업을 성공적으로 운영하려면 탁월한 리더십이 필수였습니다. 저는 리더십에 대한 공부를 하며 사업가와 자영업자의 근본적인 차이를 깨닫게 되었습니다.

맥도날드와 수제 버거집을 비교하면 이 차이가 명확해집니다. 맥도날드의 회장은 직접 햄버거를 굽지 않습니다. 시스템이 돌아가도록 체계를 만들고, 전 세계 매장에서 동일한 품질의 제품이 제공되도록 합니다. 그는 더 가치 있는 일에 시간을 투자합니다.

반면 수제 버거집의 사장은 직접 햄버거를 만들고 가게의 모든 측면을 관리해야 합니다. 이것은 제가 꿈꾸는 경제적 자유와는 거리가 멀었습니다. 맥도날드 같은 시스템을 구축할 리더십이 부족하다고 판단한 저는 사업가의 길을 선택하지 않았습니다.

후배에게 전한 지혜

제가 아끼는 후배 중 한 명이 요식업 창업을 준비하면서 "형, 가게를 차려서 장사를 하면 부자가 될 수 있을까요?"라고 물었습니다. 저는 이렇게 조언했습니다.

"자영업자에 머무르지 말고, 나중에는 반드시 시스템을 구축하는 사업가가 되어야 한다. 그래야 경제적 자유를 얻을 수 있다."

그는 처음에는 직접 운영해야 했지만, 점차 직원들을 고용하고 체계를 만들어 시스템을 구축해 나갔습니다. 그 결과 지금은 안정적으로 사업을 확장하고 있습니다. 이 사례를 통해 저는 'B' 영역으로 갈 자신이 없다면 'I' 영역, 즉 투자자의 길을 가야 한다는 확신을 얻었습니다.

나의 결론: 투자자로서의 길

저는 평생 운동을 해 왔고, 피트니스 사업을 고려했지만 제주도의 시장 상황과 제 성향을 고려했을 때 적합하지 않다고 판단했습니다. 대신 저는 투자자의 길을 선택했습니다.

절약하며 꾸준히 모은 돈과 적금통장의 자금으로 우상향할 자산을 찾아 꾸준히 적립식 매수를 진행했습니다. 매달 버는 돈과 정기 적금이 만기 될 때마다 매수했고, 절대 매도하지 않았습니다. 장기적인 관점에서 자산이 저를 위해 일하게 만들었습니다.

이제는 하루 2시간 운동하고 가족과 함께 행복한 시간을 보내면서, 10억이 아닌 200억 자산을 목표로 우상향하는 삶을 살고 있습니다. 이것이 제가 트레이너에서 투자자로 전환한 여정입니다.

"돈을 위해 일하지 말고, 돈이 너를 위해 일하게 하라."

– 로버트 기요사키 –

이제 저는 돈이 저를 위해 일하는 시스템을 구축했고, 앞으로도 이 원칙을 지켜 나갈 것입니다.

5

인플레이션과 투자의 필요성

- 왜 자산을 모아야 할까?

왜 자산을 모아야 할까?

"왜 내가 자산을 모으는가? 왜 트레이더처럼 타이밍에 맞춰 사고팔고 하는 단기 투자가 아닌, 꾸준히 자산을 모으는 장기 투자를 선택했을까?"

이 질문의 답을 찾던 순간, 저는 투자에 대한 시각이 완전히 바뀌었습니다. 그 답은 바로 인플레이션과 화폐 가치 하락이라는 냉혹한 현실에 있었습니다. 이 현실을 제대로 이해하려면 먼저 중앙은행과 은행이 어떻게 돈을 '복사'하는지, 이른바 '신용 창출 원리'를 알아야 합니다.

중앙은행이 돈을 푸는 이유

경제가 극심하게 침체되면 소비가 줄고, 기업들은 투자를 꺼립니다. 경제 성장이 둔화되고 실업률이 상승하면서 사람들은 돈을 벌기 어려워집니다. 이런 상황에서 중앙은행은 돈을 풀어 사람들이 더 쉽게 대출을 받고, 소비하고, 투자할 수 있게 만듭니다.

금리가 낮아지면, 은행에서 돈을 빌릴 때 이자 부담이 줄어들기 때문에 기업들은 대출을 받아 투자를 늘리고, 개인들도 집이나 차를 더 쉽게 구매할 수 있습니다. 얼핏 보면 모두가 행복해 보이는 상황이죠. 그러나 이런 정책에는 반드시 대가가 따릅니다. 시장에 돈이 많아지면 화폐 가치는 필연적으로 하락합니다.

신용 창출의 마법: 은행이 돈을 복사하는 구조

예를 들어, 제가 열심히 모은 1,000만 원을 은행에 예금했다고 생각해 보세요. 은행은 그 돈을 그대로 금고에 보관하지 않습니다. 지급준비율(예를 들어 10%)만 남기고 나머지 900만 원을 다른 사람에게 대출해 줍니다.

그 대출받은 사람이 900만 원을 또 다른 은행에 예금하면 어떻게 될까요? 그 은행도 같은 방식으로 지급준비율 10%인 90만 원만 남기고 810만 원을 또 다른 사람에게 대출합니다. 이 과정이 계속 반복되면서 원래 1,000만 원이었던 돈이 경제 시스템 내에서 몇 배로 불어납니다.

실제 현금은 1,000만 원뿐이지만, 경제에서 돈처럼 사용되는 금액은 훨씬 많아지는 것입니다. 은행 시스템 덕분에 '가짜 돈'이 계속 만들어지는 셈이지요. 이렇게 신용 창출로 인해 시장에 유통되는 돈이 늘어나면 자연스럽게 물가도 오르게 됩니다. 돈이 많아질수록 그 가치는 떨어지니까요.

저는 처음 이 개념을 이해했을 때 정말 충격을 받았습니다.
'내가 열심히 번 돈이 이렇게 가치가 떨어진다고?'

하이퍼인플레이션의 교훈: 1차 세계대전 이후 독일

역사 속에서 화폐를 자산으로 보유하는 것이 얼마나 위험한지 보여 주는 극단적인 예를 찾았습니다.

1차 세계대전(1914~1918) 이후, 독일은 전례 없는 경제 위기에 직면했습니다. 전쟁으로 국가는 엄청난 빚더미에 앉았고, 1919년 베르사유 조약에 따라 1,320억 마르크(현재 가치로 수조 원)에 달하는 막대한 전쟁 배상금을 지불해야 했습니다.

전쟁으로 국가의 생산력은 바닥났고, 정부는 해결책으로 화폐를 마구 찍어내기 시작했습니다. 그 결과는 충격적이었습니다.

화폐 가치가 폭락하면서 빵 한 조각 가격이 하루 만에 2배, 3배씩 뛰었습니다. 물가가 너무 빠르게 올라 회사들은 하루에 두 번씩 월급을 지급했고, 돈은 종잇장이 되어 독일 사람들은 불쏘시개나 장난감으로 사용할 정도였습니다. 믿기 어렵겠지만, 1919년에 1마르크였던 빵 한 덩이 가격이 1923년에는 무려 750억 마르크까지 폭등했습니다.

사람들은 월급을 받자마자 바로 시장으로 달려가 물건으로 바꿔야만 했습니다. 몇 시간만 지나도 물가가 올라 같은 돈으로 살 수 있는 것이 줄어들었기 때문입니다. 당연히 돈보다 물건이 더 가치 있었고, 독일 경제는 완전히 붕괴되었습니다.

하이퍼인플레이션 속에서 살아남은 사람들

그런데 이런 재앙 속에서도 부를 지키거나 오히려 더 부자가 된 사람들이 있었습니다. 누구였을까요?

- **정부와 권력자들**: 화폐 가치가 폭락할 것을 미리 알고 실물자산, 부동산, 금, 주식을 매입했습니다. 화폐 가치는 사라졌지만, 실물자산은 가치를 유지하거나 오히려 폭등했습니다.
- **부동산 보유자들**: 인플레이션으로 임대료도 함께 상승했기 때문에 오히려 수입이 늘었습니다. 돈의 가치는 줄어들어도 땅과 건물은 그대로 있었기 때문입니다.
- **금 보유자들**: 화폐 가치가 하락해도 금의 가치는 안정적으로 유지되었습니다.
- **주식 투자자들**: 기업들은 인플레이션에 대응해 가격을 올렸고, 이는 주식 가치의 급등으로 이어졌습니다. 현금을 주식으로 바꿔 둔 사람들은 인플레이션의 손실을 피할 수 있었습니다.
- **외화 투기꾼들**: 마르크 가치는 계속 하락했기 때문에, 일부 투기꾼들은 외국 달러를 사 두고 기다렸다가 더 오른 환율로 팔아 차익을 챙겼습니다.

반면, 월급쟁이, 연금 생활자, 저축에 의존하던 사람들은 모든 재산을 잃고 가난해졌습니다. 화폐 가치가 급락하면서 그들의 돈은 휴지 조각이 되어 버렸기 때문입니다.

이 역사적 사례를 공부하면서 저는 가슴이 조여 왔습니다.
'만약 내가 그 시대에 살았다면, 어느 쪽이었을까?'

6

현재 상황

• 오늘날의 인플레이션

오늘날의 인플레이션

"그건 옛날이야기일 뿐이야."라고 생각하시나요? 정말 그럴까요?

지금 전 세계는 코로나19와 우크라이나-러시아 전쟁 이후 엄청난 양의 돈을 찍어내고 있습니다. 한국도 예외가 아닙니다.

코로나 시기에 우리나라는 금리를 2020년 0.5%까지 낮추며 시장에 돈을 대량으로 풀었습니다. 제주도에서는 '탐나는전'이라는 지역화폐까지 발행했죠. 이것이 단기적으로는 좋아 보일 수 있지만, 장기적으로는 인플레이션의 씨앗을 뿌린 것입니다.

트레이너로 일하던 시절, 제가 처음 자리를 잡았을 때는 1달러가 1,100원 정도였습니다. 지금은 어떤가요? 1,500원을 넘나듭니다. 불과 몇 년 만에 원화 가치가 크게 하락한 것입니다. 제가 가장 많이 체감하는 것은 식비입니다. 예전에는 가정식당에서 7,000원에 식사했다면, 지금은 최소 12,000원은 내야 '저렴하게 먹었다'고 말할 수 있을 정도가 되었습니다.

그런데도 최근 한국은행은 다시 기준금리를 낮추었습니다. 물가가 이렇게 높은데도 말이죠. 이런 상황에서 원화를 보유하는 것이 과연 현명한 선택일까요?

이것이 바로 요즘 금값이 최고치를 경신하고, 달러로 자산을 바꾸는 사람들이 늘어나는 이유입니다. 저 역시 몇 년 전에 구매한 금팔찌가 70% 정도 가치가 올랐습니다. 단순한 액세서리가 아니라 훌륭한 자산이 된 것이죠.

7

미국 금리 전쟁

- 트럼프 vs 제롬 파월
- 나의 선택: 장기 투자와 자산 분산

트럼프 vs 제롬 파월

그렇다면 원화 대신 달러를 보유하는 것이 해결책일까요? 저는 그렇게 생각하지 않습니다. 미국의 상황도 크게 다르지 않기 때문입니다.

트럼프 대통령은 "미국을 다시 위대하게!"를 외치며 경제 성장을 최우선 과제로 삼았습니다. 경제를 성장시키는 가장 강력한 무기 중 하나가 바로 금리 인하, 즉 돈 풀기였죠. 그러나 금리를 결정할 수 있는 사람은 미국 연준(Fed) 의장인 제롬 파월이었고, 그는 쉽게 금리를 내리지 않았습니다.

제가 시장을 관찰하면서 본 트럼프의 전략적 시나리오는 이렇습니다.

- **관세 전쟁으로 공포감 조성**: 모든 자산 시장 하락 유도
- **시장 흔들기**: 불안정한 시장 상황을 만들어 연준이 금리를 내리도록 압박
- **돈 풀기**: 금리 인하로 돈이 풀리면 기업과 투자자들이 다시 자산에 투자
- **경제 부흥**: 미국 주식과 부동산 급반등, 경제가 활기를 띠면서 트럼프의 경제 정책이 성공한 것처럼 보이게 만들기

이런 과정에서 결국 달러 가치도 하락할 수밖에 없습니다. 즉, 한국 원화든 미국 달러든, 현금으로 보유하는 것은 점점 가치가 떨어지는 자산을 들고 있는 것과 같습니다.

제가 트레이너 일을 하며 모은 자금으로 처음 투자를 고민할 때, 이런 사실을 깨닫지 못했다면 어땠을까요?

아마 지금쯤 제 자산의 실질 가치는 크게 감소했을 것입니다.

나의 선택: 장기 투자와 자산 분산

이런 통찰을 바탕으로, 저는 트레이더(단기 투자자)가 아닌 장기 투자자의 길을 선택했습니다. 인플레이션은 보이지 않는 세금과 같습니다. 가만히 있어도 내 돈의 가치가 점점 줄어드는 것이죠.

그래서 저는 장기적으로 가치를 보존하고 인플레이션을 이길 수 있는 실물자산, 우량주식, 그리고 다양한 자산 클래스에 분산 투자하는 전략을 선택했습니다. 역사는 화폐 가치가 지속적으로 하락하는 동안, 실물자산을 보유한 사람들이 부를 지키고 늘릴 수 있었음을 반복해서 보여 주고 있습니다.

물론 금이나 부동산도 가격 버블이 있을 수 있습니다. 그러나 장기적 관점에서 봤을 때, 이러한 자산들은 적어도 화폐 가치 하락에 대한 방어막 역할을 해 주었습니다. 제가 선택한 전략은 어느 한 자산에 올인하는 것이 아니라, 다양한 자산에 분산투자 하면서 꾸준히 매수하는 것입니다.

이 글이 자산을 지키고 늘리는 데 작은 도움이 되기를 바랍니다. 인플레이션이라는 보이지 않는 적을 이기는 첫 번째 단계는 그것을 제대로 인식하는 것이니까요.

그러면 무엇에 투자해야 할까요? 원화도 아니고 달러도 아니면, 어떤 자산에 투자해야 할까요?

8

현금의 한계와
자산 선택의 기준

- 현금의 한계와 자산 선택의 기준

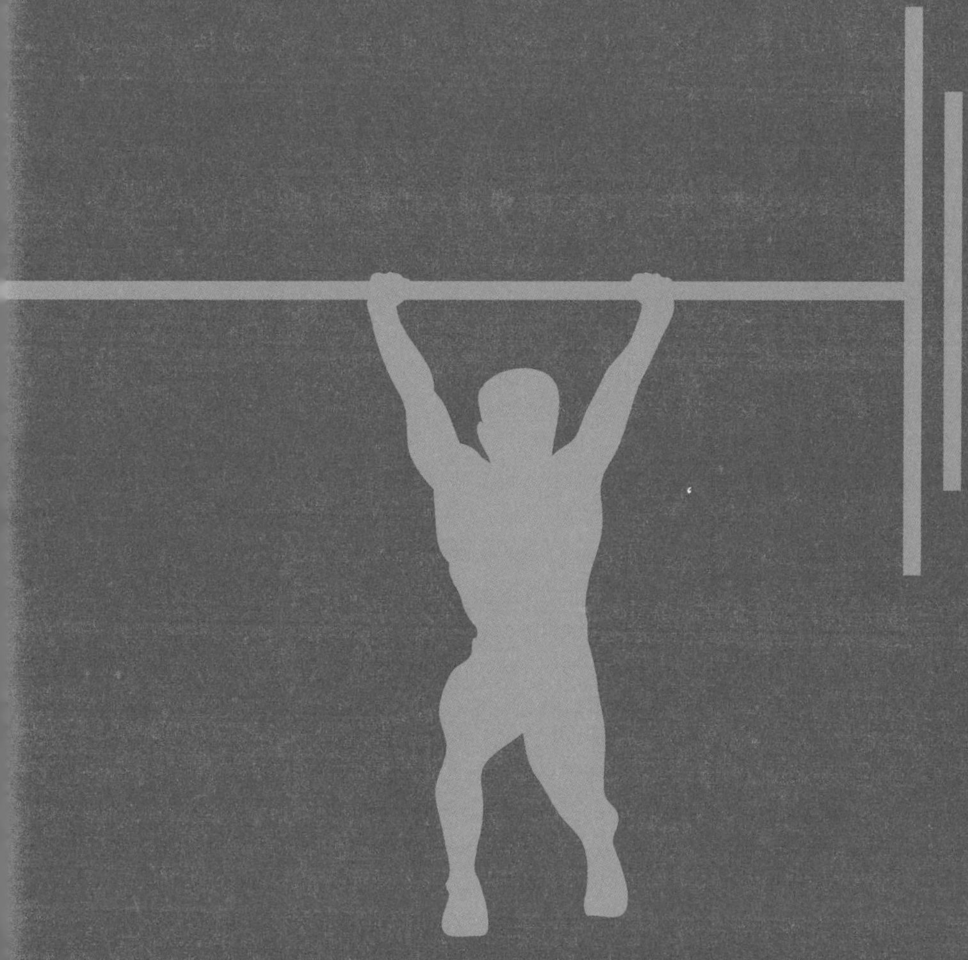

현금의 한계와 자산 선택의 기준

그렇다면 어떤 자산에 투자해야 할까요? 원화는 물가 상승과 환율 때문에, 달러는 금리와 정책 때문에 점점 흔들리고 있습니다. 제가 트레이너로 힘들게 모은 돈을 현금으로만 들고 있었다면, 지금쯤 그 실질 가치는 반토막 났을지도 모릅니다.

이런 고민 속에서 저는 자산을 고를 때 세 가지 기준을 세웠습니다.

- 장기적 우상향 구조의 자산인가?
- 인플레이션을 이길 수 있는가?
- 분산투자로 리스크를 줄일 수 있는가?

이 기준에 따라 저는 비트코인과 미국 대표 암호화폐에 눈을 돌렸습니다. 처음에는 의구심도 있었습니다. '과연 이게 맞는 선택일까?' 하지만 시장을 깊이 분석할수록 확신이 커졌습니다.

트럼프 시나리오와 암호화폐의 폭등 가능성

솔직히 말하면, 지금 상황은 제게 너무 좋은 기회로 보입니다. 트럼프 시나리오가 제 머릿속에서 계속 맴돌거든요. 그가 당선되고 나서 모든 자산 시장이 일단 크게 올랐습니다. 미국 주식, 부동산, 심지어 비트코인까지! 최고의 탐욕을 보이던 그때, 갑자기 관세 전쟁 카드를 꺼내면서 시장이 흔들리고 자산이 하락했습니다.

저의 자산도 고점 대비 -55%까지 떨어졌죠. 모든 커뮤니티에서 사람들은 "죽는다", "힘들다"라는 말을 쏟아냈습니다. 제 가족들도 "조금이라도 팔았으면 얼마나 좋았을까"라고 하며 안타까워했습니다.

하지만 저는 흔들리지 않았습니다. 오히려 더 기분 좋게 매수했습니다. 목표 자산은 1년 전에 이미 다 모았지만, 이 기회를 놓치고 싶지 않았거든요.

9

흔들리지 않는 투자 마인드

• 내 투자 경험

내 투자 경험

이런 전략이 쉽게 들릴지 모르지만, 실제로 큰 하락장을 겪을 때는 심리적으로 정말 어렵습니다. 2025년 2월 3일, 제 생일날의 경험은 제 투자 철학을 단단하게 만드는 계기가 되었습니다.

그날 저는 아버지와 동생과 함께 오랜만에 생일 식사를 하고 있었습니다. 휴대폰은 무음으로 해 두었지만, 식사 중간에 확인했을 때 제 자산이 50% 이상 하락했다는 것을 알게 되었습니다. 많은 사람이 패닉에 빠졌을 상황이었죠.

하지만 저는 이상하게도 무덤덤했습니다. 가족들에게 "내 투자 자산이 반토막 났네."라고 웃으며 말했을 정도였습니다. 어떻게 그럴 수 있었을까요? 이미 제 수익률은 안전 마진을 확보한 세 자릿수였기 때문입니다. 장기 투자의 마인드로 보면, 이건 오히려 제가 못 산 자산을 더 모을 기회였습니다.

시장 상황은 스태그플레이션이 우려되고 매크로적인 부분은 계속 안 좋아졌지만, 저는 운동과 독서, 일에 몰입하면서 자산 가격보다는 저 자신의 가치를 높이는 데 집중했습니다. 시간이 지나고 보니 기본적인 호재는 그대로인데, 굳이 팔 이유가 있을까요? 저는 아니라고 봅니다.

왜 암호화폐인가요?

그리고 이게 끝이 아닙니다. 제가 보는 시나리오는 이렇습니다: 트럼프는 결국 제롬 파월을 압박하여 금리 인하를 이끌어 낼 것이고, 이는 돈이 시장에 풀리는 결과로 이어질 것입니다. 그럼 그 돈들이 어디로 흘러갈까요? 부동산, 미국 주식, 비트코인, 미국 대표 암호화폐들로 들어가 자산들은 폭등할 거라는 그림이 제 안에 확고합니다.

최근 트럼프 대통령의 발표는 이 시나리오를 더 현실적으로 만들어 줬습니다. 2025년 3월 초, 트럼프는 "미국의 전략적 비트코인 준비금"을 공식화했습니다. 정부가 보유한 약 20만 비트코인(현재 가치 17조 원)을 기반으로 시작하고, 비트코인뿐 아니라 이더리움, XRP, 솔라나, 카르다노(에이다) 같은 암호화폐를 전략적 자산으로 삼겠다고 했죠. "미국을 암호화폐 세계 수도로 만들겠다!"는 선언까지 했습니다!

이건 단순한 말이 아닙니다. 트럼프가 관세로 시장을 흔들고, 금리를 내려 돈을 풀면, 암호화폐 같은 자산이 그 혜택을 폭발적으로 볼 가능성이 크다고 봅니다.

비트코인은 2,100만 개로 공급이 한정돼 있어 인플레이션에 강하고, 독일 하이퍼인플레이션 때 금과 같은 역할을 할 수 있습니다. 실제로 2020년 돈 풀기 이후 몇 년 만에 10배 뛰었잖아요.

트럼프가 언급한 다른 암호화폐들도 각자의 실용적인 가치와 잠재력이 있습니다. 트럼프의 계획은 이런 자산들이 국가 전략으로 인정받는 순간을 앞당긴 것입니다. "미국을 위대하게"라는 슬로건처럼, 저는 그의 계획이 현실이 될 거라고 생각합니다.

10

나의 선택

- 암호화폐와 장기 투자 철학

암호화폐와 장기 투자 철학

이 시나리오는 저를 설레게 합니다. 저는 단기 매매 대신 장기 투자를 믿습니다. 비트코인이 1년 안에 반토막 나도 10년 뒤엔 지금보다 훨씬 가치가 올라 있을 거라 확신합니다.

트럼프가 준비금을 통해 암호화폐를 제도권으로 끌어들이면 기관 투자자들이 더 몰려오고 시장은 안정적으로 커질 것입니다. 저는 그 흐름을 타고 비트코인과 미국 암호화폐를 꾸준히 매수하며 기다립니다.

관세 전쟁으로 자산이 잠깐 주춤해도, 금리 인하로 돈이 풀리면 화폐 가치는 하락할 것입니다. 독일의 하이퍼인플레이션 때처럼 월급을 받자마자 물건을 샀던 것처럼, 우리 자산도 '사고 싶어도 못 사는' 상황이 올 수 있습니다. 수요와 공급의 법칙처럼, 한정된 자산은 폭등할 거라는 믿음이 저를 움직입니다.

이 투자 여정을 통해 저는 투자의 핵심은 자산 자체보다 투자자의 마음가짐이라는 것을 더욱 확신하게 되었습니다. 가격 변동에 일희일비하지 않고, 장기적인 안목을 유지할 수 있다면, 큰 하락장도 기회로 바꿀 수 있습니다.

이건 제 철학입니다. 리스크를 시간에 녹이고, 우상향하는 자산에 믿음을 거는 것이죠. 원화도, 달러도 아닌 진정한 자산에 제 미래를 걸었습니다. 하지만 투자에서는 무조건 생존이 최우선입니다. 잊지 맙시다. 생존입니다!

저는 이 흐름이 너무 좋게 느껴집니다. 투자는 결국 믿음과 시간의 게임이니까요. 여러분은 어떤 선택을 하시겠습니까?

11

토탈 인베스터가 되자

• 토탈 인베스터가 되자

토탈 인베스터가 되자

저는 부동산, 미국 주식, 암호화폐에 투자하는 토탈 인베스터다. 하지만 나를 한 단어로 정의해야 한다면, 나는 단순한 투자자가 아니라 '인베스터(Investor)'를 선택할 것입니다.

저는 경제적 자유와 가족의 미래 행복을 위해 투자를 선택했습니다. 그리고 그 목표를 향해 가기 위해 부동산 투자자, 미국 주식 투자자, 비트코이너가 되었습니다. 중요한 것은 이념이 먼저가 아니라 투자 대상으로서의 판단이 우선이었다는 점입니다. 깊이 있는 관심과 투자를 진행하면서 그 대상에 대한 신념과 철학이 자연스럽게 생겼습니다.

이 과정에서 가장 중요하게 깨달은 것은 포트폴리오의 균형입니다. 부동산이 강세일 때는 모두가 부동산만 바라보고, 주식시장이 급등하면 주식만 찾습니다. 암호화폐가 불장이면 또다시 그 자산에 과몰입하는 현상이 나타납니다. 하지만 시장이 조정을 거치면 사람들은 곧 현실을 직시하게 됩니다.

최근 주변에서 가장 많이 듣는 말은 "그래도 부동산이 제일 안정적이야.", 그리고 "역시 미국 주식은 다르다."입니다. 불과 얼마 전까지 암호화폐에 열광했던 사람들조차 이렇게 말하는 것을 보면, 인간의 심리는 생각보다 변덕스럽고 감정적이라는 것을 다시금 깨닫습니다. 그러나 더 놀라운 점은 이렇게 말하면서도 실제로 부동산이나 미국 주식을 공부하는 사람은 많지 않다는 것입니다.

"기회는 준비된 자만이 잡을 수 있다." 지금처럼 시장 분위기가 냉랭할 때가 새로운 자산을 공부하기에 가장 좋은 시기입니다. 미리 준비해야만 다음 파도가 올 때 제대로 대응할 수 있습니다. 저는 부동산, 주식, 암호화폐 중 하나만 제대로 공부해도 자신만의 영역을 만들 수 있다고 생각합니다. 하지만 가능하면 세 가지 자산을 모두 알고 투자하는 것이 최선이라고 봅니다.

투자 포트폴리오의 피라미드

제가 생각하는 이상적인 투자 포트폴리오는 피라미드 구조입니다.

- **부동산**: 안정적인 레버리지 투자 (피라미드의 기초)
- **미국 주식**: 초일류 기업의 성장에 투자 (중간층)
- **암호화폐**: 빠르게 변화하는 산업혁명에 투자 (꼭대기)

부동산을 가장 아래에 두고, 그 위에 주식, 그리고 가장 상단에 암호화폐를 두는 것이 튼튼한 자산 포트폴리오를 구성하는 방법입니다. 위로 갈수록 리스크와 수익률이 높아지는 구조입니다.

투자를 하면서 중요한 것은 시간을 활용하는 것입니다. 부동산에서 얻은 수익을 주식으로, 주식에서 얻은 수익을 암호화폐로 옮겨 가며 시간을 두고 모래시계를 뒤집듯이 투자하는 것입니다. 이렇게 하면 시간이 지나면서 자산의 구조도 자연스럽게 변화할 것입니다.

각 자산의 역할

• **부동산: 방패**

부동산의 역할은 고수익률이 아니라 안정성입니다. 금융 자산과 비교하면 수익률이 낮을 수 있지만, 포트폴리오의 방패 역할을 하며 변동성을 완화시킵니다.

• **미국 주식 – 활**

주식은 빠르고 지속적으로 수익을 창출할 수 있는 무기입니다. 좋은 주식은 기업 실적이라는 객관적 기준을 바탕으로 성장하며, 장기적으로는 든든한 자산이 됩니다.

• **암호화폐 – 검**

암호화폐는 정교하게 제련된 검과 같습니다. 시간이 지날수록 그 위력이 발현되지만, 검 하나만 들고 전쟁에 나가면 쉽게 패배할 수 있습니다. 방패(부동산)와 활(주식)로 무장한 상태에서 성장해야 합니다.

조급함을 경계하라

역사적으로 전쟁을 빨리 끝내려던 장수들은 무리수를 두다가 적장의 함정에 빠지는 경우가 많았습니다.

경제적 자유를 빨리 이루고 싶은 조급함도 마찬가지입니다. 시장은 우리의 약점을 정확히 파악합니다. 그렇기 때문에 방패, 활, 검을 모두 장착하고 한 걸음씩 전진해야 합니다. 그것이 나의 부를 지키고 성장시키는 길입니다.

12

예상치 못한 리스크

• 스탈린그라드의 들쥐와 투자의 교훈

스탈린그라드의 들쥐와 투자의 교훈

1942년부터 1943년까지, 독일과 소련이 맞붙은 스탈린그라드 전투는 역사상 가장 치열했던 전투 중 하나였습니다. 그리고 이 전투에서 벌어진 믿기지 않는 사건은, 투자에서 리스크를 어떻게 바라봐야 하는지에 대한 중요한 교훈을 남깁니다.

때는 1942년 말, 독일의 전차부대가 스탈린그라드 외곽의 풀밭에서 공격 명령을 기다리고 있었다. 하지만 최전선에서 전차 지원이 절실해진 순간, 충격적인 일이 벌어졌다. 대기 중이던 104대의 전차 중 단 20대만 움직이고, 나머지는 모두 멈춰 버린 것이다. 도대체 무슨 일이 일어난 걸까?

독일 엔지니어들이 원인을 조사한 결과, 전차 내부의 전선이 모두 끊어져 있었다. 범인은 다름 아닌 들쥐들이었다. 후방에서 대기하던 몇 주 동안 들쥐들이 전차 내부에 둥지를 틀고, 전선의 절연재를 갉아 먹은 것이다. 이 사건을 두고 역사가 윌리엄 크레이그는 이렇게 표현했다.

"후방에서 쉬는 동안 들쥐들이 전차 안에 집을 짓고, 전기선을 둘러싼 절연재를 모두 갉아 먹었다."

세계 최강의 기술력을 자랑하던 독일군이, 강력한 적군이 아닌 작은 들쥐들 때문에 작전 수행에 차질을 빚은 것이었습니다. 독일의 탱크 개발자들이 설계 과정에서 들쥐의 위협을 고려했을까요? 아무도 예상하지 못했던 리스크였습니다.

이 이야기는 모건 하우절의 『돈의 심리학』에서도 등장하며, 우리가 예측할 수 없는 리스크가 가장 큰 위협이 된다는 사실을 강조합니다. 그는 이렇게 말합니다.

"우리는 온갖 리스크에 대비하지만, 도저히 상상할 수 없는 미친 일들이 벌어진다. 그리고 그런 일들이야말로 가장 큰 손실을 초래한다."

이 말에 저는 깊이 공감합니다. 많은 사람이 시장을 예측하려 하고, 단기적인 가격 변동이나 금리, 경기 흐름을 맞힐 수 있다고 착각합니다. 심지어 어떤 이들은 특정 투자 자산이 '리스크가 없다'고 주장하기도 합니다. 하지만 제가 생각하는 리스크란 우리가 전혀 예상하지 못한 방식으로 찾아옵니다.

투자의 세계에서 리스크란, 언론에서 떠들고 전문가들이 분석하는 것이 아닙니다. 진짜 리스크는 그것이 발생하기 직전까지도 아무도 예상하지 못하는 것들입니다. 따라서 리스크를 완전히 피하는 것은 불가능합니다. 중요한 것은, 리스크가 발생했을 때 견딜 수 있는 투자 구조를 만드는 것입니다.

저는 이런 리스크를 간과했던 경험이 있습니다. 회사에서 가장 뛰어난 실적을 내고, 최고의 성과를 올리며 안정적인 커리어를 쌓고 있다고 믿었습니다. 하지만 예상치 못한 변수가 찾아왔습니다. 회원들의 재등록을 미리 막았다는 이유로, 단 3일 만에 정리해고를 당한 것입니다.

저는 12월 퇴사를 계획하고 있었고, 회원들에게 솔직하게 더 이상 수업을 진행할 수 없다고 설명했습니다. 하지만 회사는 저의 매출 감소를 문제삼아, 제가 직접 회원들의 재등록을 막았다는 것을 빌미로 삼았습니다. 결국 회사는 저를 빠르게 정리했고, 2년 동안 일하며 쌓은 퇴직금과 커미션까지 제대로 받지 못했습니다.

누가 이런 일을 예상했을까요? 저는 회사에서 가장 뛰어난 퍼포먼스를 내는 사람이었는데도 불구하고, 단 며칠 만에 모든 것을 잃었습니다. 이 사건을 통해 저는 리스크를 항상 고려해야 한다는 점을 다시 한번 깨달았습니다. 그리고 이 깨달음은 투자에서도 마찬가지였습니다.

지금도 저는 항상 리스크를 염두에 둡니다. 더 큰 금액을 투자하고 싶은 욕심이 들지만, 리스크를 대비해 과감한 결정을 자제합니다. 언제든 예상치 못한 변수가 발생할 수 있기 때문입니다. 중요한 것은, 어떤 일이 벌어져도 내 자산을 지킬 수 있는 구조를 만드는 것입니다.

우리는 늘 자신의 모든 계획에서 가장 중요한 것은 '계획이 계획대로 되지 않을 때를 대비한 계획'이라는 점을 기억해야 합니다.

이를 위해 나는 오목 이론을 제안합니다. 단기적으로 이득이 없는 선택이지만, 장기적으로 큰 이득이 되는 수를 찾아야 합니다. 즉, 당장 눈앞의 이익보다는 몇 수 앞을 내다보고 투자와 삶을 설계해야 하는 것입니다. 리스크를 피할 수 없다면, 그것을 견딜 수 있는 투자 구조를 만들어야 합니다. 그리고 한 걸음씩 신중하게 나아가야 합니다. 그렇게 하면 언젠가 우리는 진정한 경제적 자유를 손에 넣을 수 있을 것입니다.

13

시간에 리스크를 녹이는
투자와 리스크 관리 방법

- 시간에 리스크를 녹이는 투자
- 리스크 관리 방법

시간에 리스크를 녹이는 투자

투자는 무엇인가? 저는 이렇게 정의합니다.

"리스크를 감수하고 수익을 얻는 행위."

이 정의가 투자자의 운명을 결정한다고 믿습니다.

예를 들어, 높은 나무에 맛있는 과일이 달려 있다고 해 봅니다. 그 과일을 따려면 나무에 올라가야 하고, 그 과정에서 떨어질 리스크가 따릅니다. 하지만 성공하면 과일을 얻을 수 있습니다. 투자도 마찬가지입니다. 리스크 없이 수익을 기대하는 것은 불가능합니다.

"투자하면서 안전한 게 있나요?"라는 질문을 받으면, 저는 이렇게 답합니다. "절대적인 안전을 원한다면 은행 예금자 보호 한도인 5,000만 원 이하의 예금에 넣어라."

하지만 인플레이션으로 인해 그 돈의 가치는 시간이 갈수록 줄어들 것입니다. 즉, 원금 보존을 약속하는 투자란 없습니다. 오히려 안전해 보이는 선택이 장기적으로는 더 큰 리스크가 될 수도 있습니다.

그렇다면 어떻게 투자해야 할까요? 저의 답은 "리스크를 시간에 녹여 수익으로 바꾸는 것"입니다. 그래서 저는 투자할 때 이렇게 접근합니다.

- 현재 저평가됐거나, 미래 성장 가능성이 높은 자산을 찾는다.
- 그 자산을 매수한 뒤, 장기적으로 보유하며 시간을 기다린다.

'만약 내가 23살 때 6,500만 원을 S&P 100에 투자했다면?'

지금쯤 최소 1억 5천만 원 이상이 되어 있을 것입니다. (S&P 500 기준 연평균 약 10% 성장 가정) 하지만 당시에는 이런 개념을 제대로 이해하지 못했고, 돈을 불리는 방법을 깊이 고민하지 않았습니다.

지금의 저는 단기적인 수익에 연연하지 않습니다. 리스크는 시간이 지나면서 자연스럽게 줄어듭니다. 단기 변동성에 휘둘리지 않고 시간을 내 편으로 만드는 것, 이것이 진정한 장기 투자의 본질입니다.

리스크 관리 방법: 최악의 시나리오를 대비하라

우리는 어떤 계획을 세울 때 가장 중요한 점은 '계획이 계획대로 되지 않을 때'를 대비하는 것입니다. 저는 항상 최악의 상황을 먼저 상상해 보는 습관이 있습니다. 이것이 내가 리스크를 관리하는 첫 번째 방법입니다.

직업적 리스크에 대한 대비

트레이너로서 저에게 최악의 상황은 현재 일하는 센터가 갑자기 문을 닫아 수업을 할 수 없게 되는 것입니다. 이런 일이 발생할 확률은 낮지만, 불가능한 일은 아닙니다. 코로나19 같은 예상치 못한 사태가 또다시 일어날 수도 있고, 센터 운영이 갑자기 어려워질 수도 있습니다. 저는 이러한 상황에 철저히 대비합니다.

일반적인 해결책은 다른 피트니스 센터로 이직하는 것이겠지만, 저는 더 전략적인 접근을 택했습니다. 평소 여러 센터 대표님들과 좋은 관계를 유지하며, 그분들이 센터를 성공적으로 운영할 수 있도록 트레이너 교육과 매출 향상 전략을 아낌없이 공유합니다. 그 결과, 많은 대표님께서 "지금 센터가 어려워지면 우리 센터에서 함께할 수 있을까?"라는 제안을 해 주십니다.

저는 이미 경제적 자유를 어느 정도 이뤘지만, 다양한 옵션을 열어 두는 것이 중요하다고 생각합니다. 그래서 대표님들께 솔직하게 말씀드립니다. "만약 제 센터가 어려워지면, 그때 저를 받아 줄 수 있을까요?" 이렇게 B 플랜, C 플랜까지 마련해 두는 것이 직업적 리스크를 관리하는 방법입니다.

재정적 리스크에 대한 대비

재정적으로도 철저한 리스크 관리가 필요합니다. 예를 들어, 센터가 갑자기 문을 닫게 되면 회원님들에게 환불해 드려야 하는 상황이 발생할 수 있습니다. 이를 대비해 저는 항상 매출을 '부채'라고 생각하고, 수업이 모두 완료될 때까지 그 돈을 절대 건드리지 않습니다. 회원님이 300만 원을 결제하셨다면, 그 금액은 내 돈이 아니라 아직 제공하지 않은 서비스에 대한 '선수금'인 것입니다. 50회 수업 중 25회를 진행했다면, 아직 150만 원은 회원님의 돈인 셈입니다.

이런 마인드로 충분한 현금을 보유하면, 어떤 상황에서도 회원님과의 신뢰를 지킬 수 있습니다. 또한, 저는 장기 투자자로서 생활비 마련을 위해 자산을 매도하는 상황을 절대 만들지 않으려 합니다. 이를 위해 투자할 때 항상 한 가지 원칙을 지킵니다. 더 많은 돈을 투자하고 싶어도, 감당할 수 있는 범위 내에서만 투자하는 것입니다. 이렇게 하면 자산을 조급하게 매도할 일이 없고, 장기적인 관점을 유지할 수 있습니다.

오목 이론: 일상에서의 적용

리스크 관리는 투자뿐 아니라 일상에서도 적용됩니다. 저는 '오목 이론'을 삶의 여러 상황에 활용합니다. 오목 게임에서 한 수 앞을 내다보는 것처럼, 인간관계에서도 상대방의 반응을 미리 예측합니다.

예를 들어, 친하지 않은 직원에게 먼저 밝게 인사할 때도 마찬가지입니다. 이때 중요한 점은, 상대방이 인사에 응답하지 않을 수도 있다는 가능성을 미리 인정하는 것입니다.

"내가 인사를 해도, 상대방이 받아주지 않을 수도 있어."

이렇게 미리 생각하면, 인사를 받아주면 감사한 마음이 들고, 받아주지 않더라도 "예상했던 일이니 괜찮아, 다음에 또 인사해야지."라며 긍정적인 마음을 유지할 수 있습니다.

반대로, 마음의 준비 없이 인사했다가 무시당하면 "왜 인사를 안 받지?"라는 부정적인 감정이 생겨 하루 종일 기분이 나빠질 수 있습니다. 이처럼 오목 이론을 적용하면 감정적 리스크까지 관리할 수 있습니다.

리스크 관리의 본질

리스크를 피할 수 없다면, 그것을 견딜 수 있는 구조를 만드는 것이 중요합니다. 단기적으로는 이득이 없는 선택처럼 보일지라도, 장기적으로 큰 이득이 되는 결정을 내려야 합니다. 즉, 당장 눈앞의 이익보다는 몇 수 앞을 내다보고 투자와 삶을 설계해야 하는 것입니다.

저는 한 걸음씩 신중하게 나아가면서, 모든 상황에 대비합니다. 그렇게 하면 언젠가 우리는 진정한 경제적 자유와 심리적 안정을 동시에 손에 넣을 수 있을 것입니다. 투자의 세계에서는 수익만큼이나 리스크 관리가 중요하다는 사실을 항상 기억합시다.

14

타이밍 매매는 의미가 없다

• 피터 린치의 교훈

피터 린치의 교훈

많은 투자자가 시장의 저점을 잡으려 애씁니다. 더 좋은 가격에 사기 위해 차트를 분석하고, 뉴스에 귀를 기울이며 타이밍을 맞추려 합니다.

하지만 과연, 그토록 타이밍에 집착할 필요가 있을까요?

전설적인 투자자 피터 린치는 명확한 데이터를 제시했습니다.

그에 따르면, 1970년부터 1994년까지 매년 연중 최고점에서 1,000만 원씩 투자한 사람의 연평균 수익률은 '8.5%'였습니다.

반면, 매년 연중 최저점에서 투자한 사람의 수익률은 '10.1%'였습니다.

결국, 완벽한 타이밍으로 투자한 사람과 최악의 타이밍으로 투자한 사람의 '연평균 수익률 차이는 고작 1.6%'에 불과했던 것입니다.

이 사실은 우리에게 명확한 교훈을 줍니다.

"타이밍을 맞추는 데 집착할 필요는 없다."

많은 이들이 최저점에 사서 최고점에 팔고 싶어 하지만, 실제로 그 차이는 생각보다 크지 않습니다.

오히려 시장 예측에 몰두하다가 감정에 휘둘리고, 중요한 기회를 놓치는 경우가 더 많습니다.

후회보다 중요한 건 '대응'

저 역시 실전 투자에서 비슷한 감정을 수없이 경험했습니다.

50% 이상 하락했던 자산을 꾸준히 매수했고, 이후 200%가 넘는 수익률을 얻은 적도 있습니다.

그때 제 안에 이런 후회가 들었습니다.

"그때 더 많이 사지 못한 게 아쉽다."

비슷한 경험은 한두 번이 아니었습니다.

처음 계획보다 더 많은 양을 매수했음에도, 자산이 오를 땐 항상 '더 사지 못한 것'에 대한 아쉬움이 남았습니다.

하지만 저는 압니다.

투자는 후회의 게임이 아니라, 대응의 게임이다.

타이밍보다 강한 '꾸준함의 힘'

피터 린치는 이렇게 조언했습니다.

"주식을 살 계획을 세운 다음, 한 달, 넉 달, 여섯 달에 걸쳐 일정 금액씩 나누어 투자하라."

이 전략의 힘은 단순하지만 강력합니다.

시장 분위기가 어떻든, 가격이 오르든 내리든, 감정에 휘둘리지 않고 자산을 꾸준히 모을 수 있기 때문입니다.

 저 역시 장기적으로 우상향할 수 있는 자산을 발견했다면 타이밍을 재지 않습니다.
 돈이 생기는 대로, 담담하게, 꾸준히 매수합니다.

 이것이 저의 투자 철학이며, 시간이 흐를수록 그 가치는 더욱 빛날 것입니다.

15

돈을 지키는 능력

- 고래에게 휘둘리지 않는 법

고래에게 휘둘리지 않는 법

김승호 회장은 돈을 버는 능력, 모으는 능력, 쓰는 능력, 불리는 능력, 그리고 지키는 능력을 강조했습니다. 그중에서도 제가 가장 중요하게 생각하는 것은 돈을 지키는 능력입니다.

우리가 힘들게 모은 자산을 빼앗기지 않고 경제적 자유를 향해 나아가려면, 장기적으로 우상향하는 자산을 모은 뒤 그것을 끝까지 지켜내야 합니다.

저는 장기 투자자이며, 개미입니다. 고래들이 개미들의 물량을 빼앗는 방식은 뻔합니다.

고래들은 어떻게 개미를 털어내는가?

제가 경험하고 분석한 바에 따르면, 고래와 기관들은 다음과 같은 방식으로 개미들의 물량을 빼앗습니다.

가. 미디어를 활용한 공포 조성
- 주요 인사들이 연이어 나와서 시장의 악재를 부각한다.
- 자산 가격이 지지부진하게 움직이며 하락세가 이어진다.

나. 개미들의 심리가 무너지는 시점에서 저가 매집

- 가격이 폭락하면 공포에 질린 개미들은 손절한다.
- 그 시점에서 고래들은 차분하게 개수를 늘린다.

다. 천천히 가격을 끌어올리는 과정

- 미디어가 점차 긍정적인 뉴스로 변한다.
- 차익 실현 물량이 나오면서도 가격은 점진적으로 상승한다.

라. 개미들이 다시 들어오려 할 때, 한 방에 올린다

- 최종적으로 가격을 한 방향으로 강하게 상승시켜 버린다.
- 개미들은 '이제라도 들어가야 하나?' 고민하지만, 이미 늦었다.

저는 이 패턴을 경험했습니다.

제가 보유한 한 자산은 7년 동안 +30%에서 -30%를 반복했습니다. 많은 사람이 30% 상승하면 다시 하락할 거라 생각하고 던졌습니다.

그러나 저는 장기 투자자로서 끝까지 지켜봤습니다.

그리고 7년 만에 이 자산은 두 달 만에 개미들이 다시 줍지도 못할 정도로 폭등했습니다. 사람들은 다시 매수해야 하나 고민했지만, 이미 고점이었습니다.

그러나 또다시 변수는 찾아왔습니다. 트럼프의 관세 전쟁으로 전 자산 시장이 무너진 것입니다.

그럼에도 저의 마음은 편안했습니다. 왜냐하면, 제 자산은 여전히 300% 이상의 수익률을 기록하고 있었기 때문입니다.

결론 – 돈을 지키는 능력을 길러라

장기적으로 우상향하는 자산을 보유했다면, 고래들의 흔들기에 휘둘릴 필요가 없습니다.

공포에 휩쓸려 던지는 순간, 그 자산은 다시는 잡지 못할 가격이 되어 돌아옵니다.

"나는 타이밍을 재지 않는다."
"나는 흔들리지 않는다."
"나는 끝까지 지킨다."

16

로스차일드의 전략

• 공포와 욕심 사이에서 자산을 지키는 법

공포와 욕심 사이에서 자산을 지키는 법

타이밍보다 꾸준함을, 공포보다 믿음을

저는 장기 투자자로서 타이밍을 맞추기보다 꾸준함을 선택했고, 공포에 흔들리기보다 믿음을 택했습니다. 투자 시장에서 돈을 버는 것만큼 중요한 것이 바로 돈을 지키는 능력입니다. 이는 단순히 자산을 보유하는 것이 아니라, 시장의 조작과 심리전 속에서도 자산을 뺏기지 않는 강한 신념을 의미합니다.

투자 시장에서 고래들이 개미들의 물량을 빼앗는 방식은 늘 비슷합니다. 공포를 조장해 투자자들이 자산을 던지게 만든 후, 헐값이 된 자산을 다시 조용히 매집하는 것입니다. 그리고 가격을 올려 다시 개미들이 따라붙게 만들고, 고점에서 차익을 실현하는 방식입니다.

이런 패턴은 역사적으로도 반복되었습니다. 대표적인 사례가 로스차일드 가문이 영국 채권을 이용해 부를 축적한 사건입니다.

로스차일드의 워털루 전략: 공포를 이용한 자산 강탈

1815년, 런던 증권 거래소. 당시 영국과 프랑스는 워털루 전쟁을 치르고 있었고, 이 전쟁의 승패에 따라 채권 가격이 크게 요동칠 것이 분명했습니다. 모든 투자자는 긴장 속에서 전쟁의 결과를 기다리고 있었습니다.

그때, 한 남자가 갑자기 자신이 보유한 모든 영국 채권을 매도하기 시작했습니다. 그는 바로 나탄 로스차일드였습니다.

그가 대량 매도하자, 이를 본 투자자들은 "영국이 패배했다!"라고 판단하고 공포에 질려 채권을 던지기 시작했습니다. 영국 채권 가격은 폭락했고, 시장은 혼란에 빠졌습니다.

하지만 얼마 지나지 않아, 로스차일드는 폭락한 영국 채권을 헐값에 다시 매집하기 시작했습니다. 그리고 뒤늦게 영국이 전쟁에서 승리했다는 뉴스가 전해지자, 영국 채권 가격은 폭등했습니다. 결국 그는 투자자들의 패닉 속에서 거대한 부를 쌓았고, 영국 경제를 사실상 손에 쥐게 되었습니다.

권력자들의 공포 전략: 변하지 않는 패턴

이 사건에서 중요한 것은, 로스차일드가 단순히 정보가 빨랐기 때문에 부를 축적한 것이 아니라, 공포를 이용해 대중의 심리를 조작했다는 점입니다. 이 전략은 오늘날도 동일하게 적용됩니다.

세상을 움직이는 권력가들과 기관들은 시장의 불안을 조장하고, 미디어를 통해 공포를 확산시키며 투자자들을 패닉에 빠뜨립니다. 그리고 개미들이 던진 물량을 저가에 매수한 후, 시장이 다시 회복될 때 엄청난 차익을 실현합니다.

비트코인, 주식, 금, 부동산 등 어떤 자산이든 이 패턴은 반복됩니다.

- **미디어를 통한 공포 조성**: "전 세계 경제 위기!", "인플레이션 공포!", "전쟁 리스크!"
- **대중이 패닉에 빠져 매도**: 투자자들이 공포에 질려 자산을 헐값에 던짐
- **기관과 고래들의 저가 매수**: 장기적 가치를 아는 세력들이 조용히 매수
- **시장 회복 후 급등**: 개미들이 다시 달려들지만, 이미 저가 매수 기회를 놓침

이 패턴은 21세기에도 변하지 않습니다.

절대 빼앗기지 마라: 장기 투자자의 생존 전략

저는 과거 시장의 변동성을 겪으며, 이 패턴을 역이용하는 법을 배웠습니다. 제가 보유한 자산이 플러스 30%, 마이너스 30%를 오가며 7년 동안 지지부진한 적도 있었습니다. 대부분의 투자자는 상승할 때 팔고, 다시 하락할 때 사겠다는 전략을 세웠지만, 결국 타이밍을 맞추지 못하고 손실을 봤습니다.

하지만 저는 흔들리지 않았습니다. 시간이 지나면서 자산은 결국 급등했고, 이제는 300% 이상의 수익을 기록하고 있습니다. 그리고 저는 아직 팔지 않았습니다. 왜냐하면 시장의 흐름을 읽고 있기 때문입니다.

이제 당신에게 묻고 싶습니다.

당신의 자산이 흔들릴 때, 미디어가 공포를 조장할 때, 당신은 어떻게 할 것인가?

장기적으로 우상향하는 자산을 절대 빼앗기지 마십시오. 공포에 질려 던지는 순간, 그 자산은 다시는 당신의 손에 들어오지 않을 것입니다.

나의 투자 원칙: 로스차일드의 전략을 역이용하라

* 미디어의 공포 조장에 휩쓸리지 않는다.
* 장기적 가치를 보고 투자한 자산은 끝까지 지킨다.
* 시장 조작과 심리전에 흔들리지 않는다.
* 고래와 기관들의 움직임을 간파하고, 오히려 그들을 역이용한다.

로스차일드는 공포를 이용해 부를 쌓았습니다. 우리는 그 공포를 역이용해 우리의 자산을 지켜야 합니다.

> *"다른 사람들이 공포에 질려 있을 때 매수하라."*
>
> – 워런 버핏 –

이제 당신의 선택은? 공포에 휩쓸릴 것입니까, 믿음을 지킬 것입니까?

17

변동성과 마인드셋

• 장기 투자자의 기본기

장기 투자자의 기본기

변동성은 인생 그 자체다

투자에서 말하는 '변동성'은 단순히 가격의 오르내림이 아닙니다. 그것은 우리가 살아가는 인생 전반에 걸쳐 존재하는, 본질적인 요소입니다. 삶도 늘 오르락내리락하듯, 시장 역시 그렇게 움직입니다.

하지만 대부분의 사람은 변동성에 민감하게 반응하고, 가격이 오르면 안도하고 내리면 두려워합니다. 이처럼 시장의 등락에 일희일비하는 태도는 장기 투자자의 관점과는 거리가 있습니다.

변동성은 장기 투자자에게는 축복이다

높은 변동성은 오히려 장기 투자자에게는 기회입니다. 장기적으로 가치가 상승할 것이라 믿는 자산이 아직 시장에서 충분히 인정받지 못했다면, 가격은 엇갈린 판단 속에서 출렁일 수밖에 없습니다. 이 출렁임은 일종의 '타임머신'처럼, 과거의 저렴한 가격으로 돌아가 자산을 더 살 수 있는 기회를 줍니다.

특히 매달 일정한 수입을 버는 사람들에게는 큰 금액을 한 번에 투자하기 어려운 만큼, 변동성은 시간을 분산하며 천천히 자산을 쌓을 수 있는 기회를 제공합니다.

아무나 성공하지 못하게 만드는 장벽, 변동성

변동성은 단순한 기회인 동시에 시험입니다. 시장에 흔들리지 않는 사람만이 꾸준히 자산을 모아 결국 부를 축적할 수 있습니다. 이는 장기 투자자만이 넘을 수 있는 장벽이자, 자격을 확인하는 관문입니다.

인내란 '긍정적인 순간'을 기다리는 것

많은 사람이 인내를 '부정적인 것을 억지로 참는 것'으로 생각합니다. 하지만 진정한 인내란, 긍정적인 기회가 올 때까지 기다리는 힘입니다. 신념이 있는 자산이라면, 그 자산이 세상에서 가치를 인정받을 그날을 기대하며 기다리는 과정이 고통이 아닌 기쁨이 됩니다.

결국 중요한 것은 '무조건 시작하는 용기'입니다. 세상은 언제나 부정적인 말들로 가득하지만, 긍정적인 방향으로 행동하며 기다릴 때 비로소 진짜 인내가 시작됩니다.

주변의 시선을 넘어서: 나의 경험

제가 살아온 길을 돌아보면, 새로운 시작 앞에서는 항상 부정적인 시선이 있었습니다.

- 골프 캐디를 하겠다고 했을 때 가족들은 말렸지만, 저는 그 일을 통해 가족에게 경제적 도움을 드릴 수 있었고 큰 보람을 느꼈습니다.
- 첫 피트니스 센터에 입사할 때 친구들은 말렸지만, 저는 그곳에서 성장했고 업계에서 이름을 알릴 수 있었습니다.
- 투자에 뛰어들 때도 가족의 반응은 부정적이었지만, 결국 저는 결과로 그 믿음을 바꿀 수 있었습니다.

이러한 경험을 통해 알게 된 것은 단 하나 — 새로운 시작에는 늘 부정적인 말이 따르지만, 그 말에 흔들리지 않아야 성공할 수 있다는 것입니다.

마인드셋은 장기 투자의 기본기다

어느 날, 센터 회원 한 분이 제게 물었습니다.
"선생님도 동기부여 영상 보세요?"
제가 "그럼요"라고 답하자, 그는 이렇게 말했습니다.
"선생님은 이미 몸도 좋으신데, 그런 게 필요 없을 것 같아요."
그 말에 저는 이렇게 답했습니다.
"손흥민 선수가 트래핑 못 해서 매일 연습하는 게 아닙니다. 최고의 선수가 되었어도 기본기는 매일 반복하는 겁니다."

이 말을 하면서 깨달았습니다. 장기 투자자의 기본기 또한 마인드셋이라는 것을.

트레이딩 스킬, 차트 분석보다 중요한 것은 나 자신을 지키는 힘, 흔들리지 않는 태도입니다.

인간은 나약합니다. 상황이 바뀌면 말도 바뀌고, 정당화도 시작됩니다. 그래서 마인드셋은 매일 훈련해야 하며, 완성이라는 단어는 존재하지 않습니다.

시장을 예측하지 말고, 맞서지도 마라

우리는 시장을 예측하려 들 필요도, 그 흐름에 맞서 싸울 필요도 없습니다. 장기 투자자의 싸움은 시장과의 싸움이 아닌, 자기 자신과의 싸움입니다.
꾸준함과 겸손함을 유지하는 것.
그 반복과 훈련이야말로 우리가 지켜야 할 진짜 '기본기'입니다.

부정적인 시작, 긍정적인 결말

제가 전하고 싶은 메시지는 명확합니다. 무언가를 시작할 때는 언제나 부정적인 시선이 따릅니다. 하지만 그 시선에 휘둘리지 않고, 자신의 길을 묵묵히 걸어가다 보면 결국 모두가 인정하게 됩니다.
투자 역시 마찬가지입니다.
공포와 변동성 속에서도 흔들리지 않고, 신념을 지켜내며, 꾸준히 실천하는 것. 그것이 장기 투자자의 본질이며, 인생의 진리입니다.

18

부의 베이스캠프

• 투자 여정의 안전한 기반

투자 여정의 안전한 기반

부동산은 부의 베이스캠프다

우리는 종종 에베레스트산을 정복하려다 안타깝게 생명을 잃는 등반가들의 소식을 접합니다. 철저한 준비와 반복된 훈련을 마친 그들이었지만, 예측할 수 없는 날씨, 갑작스러운 신체 변화, 참을 수 없는 추위, 극심한 공포와 멘탈 붕괴 같은 변수 앞에서 결국 무릎을 꿇게 됩니다.

그래서 저는 투자를 등반에 자주 비유합니다. 정상을 향한 위대한 도전에는 언제나 위험이 따르고, 누구든 실패할 수 있기 때문입니다.

그렇기에 전문 등반가들이 가장 먼저 준비하는 것이 있습니다. 바로, '베이스캠프'입니다.

산 중턱쯤, 마음만 먹으면 다시 정상을 향해 나아갈 수 있는 위치. 그곳에 반드시 안전하고 튼튼한 거점을 설치합니다.

베이스캠프가 있어야만, 예상치 못한 돌발 상황에도 재정비 후 다시 도전할 수 있는 힘이 생깁니다.

베이스캠프 없이 무작정 정상을 향해 달리는 사람은 운이 좋다면 도달할 수도 있겠죠. 하지만 운이 나쁘면, 다시 돌아올 기회조차 주어지지 않습니다.

투자의 세계에도 베이스캠프가 필요하다

이 원리는 투자에도 고스란히 적용됩니다. 우리는 모두 투자라는 거대한 산을 오르고 있습니다. 그렇다면, 이 여정에서의 베이스캠프는 무엇일까요?

저는 단호하게 말할 수 있습니다. 투자의 베이스캠프는 '부동산'입니다.

왜 부동산이 베이스캠프가 될 수 있는지, 세 가지 기준으로 풀어보겠습니다.

안전하고 튼튼해야 한다

진짜 베이스캠프는 거센 눈보라에도 무너지지 않습니다. 투자에서도 마찬가지입니다.

부동산은 인류 역사상 긴 시간 동안 사라지지 않은 자산이며, 인플레이션을 방어한 몇 안 되는 자산 중 하나입니다.
그리고 금과 부동산, 이 두 자산은 시간이 흘러도 가치를 잃지 않았습니다.

산 중턱에 있어야 한다

산 아래에 있으면 너무 안전해서 의미가 없고, 산 정상에 있으면 더 이상 올라갈 수 없습니다.

베이스캠프는 산 중턱, 즉 조금만 내려와도 쉴 수 있고, 다시 오를 수도 있는 위치에 있어야 합니다.

부동산은 낮은 변동성과 높은 안정성을 지닌 자산으로, 자산을 '에셋 파킹' 하기에 이상적인 장소입니다.
실제로 많은 자산가가 자산을 잠시 쉬게 할 때 부동산을 활용하죠.

넓고 아늑해야 한다

베이스캠프는 단순한 텐트가 아닙니다. 몸을 녹이고, 회복하고, 미래를 준비하는 곳입니다.
부동산은 우리 자산 중 큰 금액을 담아 두기에 적합하며, 유일하게 실거주가 가능한 투자 자산이기도 합니다.

그래서 진짜 '쉼'을 제공해 줄 수 있는 거죠.

베이스캠프가 있어야 진짜 도전이 가능하다

우리는 투자자입니다. 더 높은 목표를 향해 오르고 있는 등반가들입니다.

자산이 어느 정도 형성되어 산 중턱까지 도달했다면, 반드시 베이스캠프가 필요합니다.

"나는 괜찮아, 실수 안 해."라고 자신하며 계속 나아가다가 눈사태, 체력 고갈, 갑작스러운 사고가 닥치면….

그때 우리를 살릴 수 있는 건 단 하나 ― 준비된 베이스캠프뿐입니다.

나의 첫 베이스캠프는 부모님이었다

나는 지금까지 노동, 캐디, 트레이너, 투자까지 수많은 도전을 해왔습니다. 그리고 그 모든 여정 속에서 항상 베이스캠프가 있었습니다.

그건 바로, 존경하는 아버지와 어머니였습니다.

가장 큰 변동성을 가진 투자에도 흔들리지 않고 도전할 수 있었던 이유는, 언제나 그분들이 내 곁에 있었기 때문입니다.

그분들이 있었기에 나는 투자 마인드셋을 잃지 않고 노동도, 캐디도, 트레이너 일도 포기하지 않고 계속할 수 있었습니다.

그분들이 제 인생의 첫 번째 베이스캠프였습니다.

꼭 '내' 것이 아니어도 괜찮다

여기서 꼭 덧붙이고 싶은 것이 있습니다. 베이스캠프는 반드시 '내 소유'일 필요는 없습니다.

투자금이 부족한 상황에서 베이스캠프를 갖기란 쉽지 않습니다. 하지만 사랑하는 가족과 함께 지내는 집, 부모님과의 동거 같은 정서적 안정감 또한 훌륭한 '심리적 베이스캠프'가 되어 줄 수 있습니다.

저 역시 그런 베이스캠프에서 시작했습니다.

그러니 여러분도, 지금 나를 지탱해 주는 '심리적 베이스캠프'를 찾아보세요. 그것이 여러분의 투자 여정을 더욱 안정적으로 이어갈 수 있는 힘이 됩니다.

나의 계획: 200억을 향한 여정 속, 100억으로 만드는 부의 베이스캠프

나는 자산 목표를 200억으로 설정했습니다. 그리고 자산이 100억에 도달하는 시점에는 부동산을 통해 나만의 '부의 베이스캠프'를 만들 계획입니다.

이는 단순한 소비가 아닙니다. 투자 여정을 끝까지 이어갈 수 있게 해 주는 전략이자 안전장치입니다.

심리적 베이스캠프에서 시작해 물리적 베이스캠프를 만드는 여정, 그것이 제가 그리고 있는 투자의 로드맵입니다.

그렇다면 여러분은 당신의 투자 여정에서 어떤 자산을 베이스캠프로 삼고 있나요?

그리고 지금 당신의 심리적 베이스캠프는 어디인가요?

19

공포의 순간,
나는 조금 더 모았다

• 로스차일드 전략에서 배우다

로스차일드 전략에서 배우다

"다른 사람들이 두려워할 때 탐욕을 가져라."

– 워런 버핏 –

"피가 거리에서 흐를 때 사라, 그 피가 당신의 것일지라도."

– 나다니엘 로스차일드 –

사람들은 흔히 시장이 무너질 때 '공포'를 느낍니다. 주가는 폭락하고, 언론은 대공황이 올 것처럼 떠들며, 주변에서는 손절을 고민하는 목소리가 가득하죠. 하지만 역사적으로 진짜 기회는 그 공포 속에서 태어났습니다. 결국 담대한 자만이 부를 얻게 됩니다.

트레이너 시절, 나는 처음 '자산'을 보기 시작했습니다.

운동만 하던 삶에서 처음으로 돈을 벌고 저축을 하기 시작했을 때, 저는 "이 돈을 어떻게 지켜야 할까?"라는 질문을 품게 됐습니다. 그 물음은 저를 투자의 세계로 이끌었고, 마침 그 시기 시장은 큰 조정에 직면하고 있었죠. 처음엔 두려웠습니다. 하지만 공부하면 할수록 느꼈습니다.

"두려움이 클수록, 가격은 낮고, 기회는 가까이 있다."

이건 단순한 감정이 아니라, 자산 시장의 진리였습니다.

공포 속에 숨어 있는 기회

시장은 늘 사이클을 가집니다. 가파르게 상승하는 시기가 있는가 하면, 갑작스럽게 바닥을 치는 시기도 있죠. 그리고 그 모든 변동성 속에서 한 가지 분명한 건, 공포는 늘 가장 싸게 자산을 살 수 있는 순간을 만들어 낸다는 것입니다.

처음 미국 주식을 매수했을 때, 사람들은 "미국 시장도 끝났다.", "달러는 위험하다."고 말했습니다. 불안한 마음도 있었지만, 저는 오히려 그 말들 속에서 기회를 발견했습니다.

그건 겁 없는 성격 때문이 아니라, 시간을 길게 바라보는 투자 마인드 때문이었습니다.

투자자의 본능은 혼란 속에서 깨어난다

누군가는 시장을 보며 말합니다.
"이럴 때 누가 사?"

하지만 저는 말하고 싶습니다.
"이럴 때 아니면, 부를 쌓을 수 있는 기회는 없다."

위기가 닥치면 모두 도망갑니다. 하지만 이유 있는 확신과 철저한 분석이 있다면, 그 위기는 그저 '할인된 미래'일 뿐입니다.

휘청이는 시장 속에서 저는 스스로에게 이렇게 말했습니다.
"이 기업은 망하지 않는다. 오히려 이 가격은 나에게 기회를 주는구나."
그런 확신을 바탕으로 저는 망설임 없이 매수 버튼을 눌렀습니다.

시간으로 쌓은 나만의 성벽

제가 보유한 주식과 암호화폐들을 보면 누군가는 '리또속[1]'이라 하고, 누군가는 "그걸 아직도 들고 있어?"라고 묻습니다.
하지만 저는 알고 있습니다. 그건 단지 남들과 다른 타이밍에 들어갔을 뿐이라는 것을요.
저는 공포 속에서 묵묵히 사 모았고, 그 덕분에 지금은 '나만의 평균단가'라는 단단한 성벽을 가지고 있습니다.

이제 시세가 조금 오르거나 떨어지는 건 중요하지 않습니다. 왜냐하면 저는 이미 그 밑에서 담아 왔고, 그건 시간이 지날수록 부로 전환될 자산이기 때문입니다.

---

1) "리플에 또 속았냐"의 줄임말.

투자는 전투다, 살아남는 자가 승리한다

투자는 전장입니다. 언제 어디서 총알이 날아올지 모릅니다. 모두가 도망치는 순간, 끝까지 차분히 분석하고, 매수할 수 있는 자만이 전투를 이겨 냅니다.

저는 트레이너 시절, 매일 운동하고 일하며 틈틈이 투자 공부를 해 왔습니다. 그 시간들이 제게 '투자 근육'을 길러 주었습니다. 몸을 만들듯 자산도 만들 수 있다는 걸 그때부터 깨달았고, 지금도 계속해서 훈련 중입니다.

저는 남들과 다른 촉을 가진 게 아닙니다. 다만 남들보다 길게 기다릴 수 있는 마인드를 가졌을 뿐입니다.

마무리 메시지

피가 흐를 때, 그 피가 내 피일지라도 저는 물러서지 않습니다. 나는 장기 투자자이며, 공포 속에서 기회를 알아보는 감각을 매일 훈련하고 있습니다.

지금은 많은 이들이 떠나는 시기일 수 있습니다. 하지만 저는 조용히, 꾸준히, 조금 더 모을 뿐입니다.
그리고 언젠가 시간이 흘러 사람들은 알게 될 겁니다.

"부는 공포의 시기를 이겨낸 자의 보상이다."

20

최고의 자산은 몸이다

• 건강한 신체를 위한 투자

건강한 신체를 위한 투자

건강 없는 부는 의미가 없다

마인드셋을 잘 관리하고 장기 투자를 성공적으로 마친 끝에 경제적 자유를 얻었다고 가정해 봅시다. 그러나 몸이 아파 움직이지 못한다면, 그 돈은 과연 무슨 의미가 있을까요?

아무리 많은 돈이 있어도 건강하지 않으면 제대로 쓰지도, 즐기지도 못합니다. 결국 건강이 뒷받침되지 않는 부는 종이에 불과한 허상입니다.

그래서 저는 단언합니다.
"최고의 자산은 바로 몸이다."

몸도 우상향해야 한다

저는 1등 트레이너, 좌진수입니다. 우리는 투자로 자산을 우상향시키는 만큼, 가장 큰 자산인 '몸' 또한 함께 우상향해야 합니다.

새로운 회원님을 만나면 저는 다음과 같은 순서로 안내합니다:

- 정확한 운동 자세를 알려드립니다.
- 개인 운동 데이터를 만들어드립니다.
- 자신의 한계를 체험하게 합니다.
- 작은 실패를 경험하게 합니다.

이 과정을 통해 '도전 → 실패 → 도전 → 실패 → 도전 → 성공'의 사이클을 반복하게 되면, 자존감이 자연스럽게 상승합니다.

예를 들어, 정확한 자세로 스쿼트 동작을 익힌 뒤, 다음과 같은 체계적인 반복 계획을 설명해 드립니다:

1RM(최대 중량) 기준으로
- **100% 1회**: 최대 역량 테스트
- **90% 3회**: 파워 훈련, 근 신경·인대 강화 (정확한 자세 필요)
- **80% 5회**: 근력 집중 향상
- **70% 8회**: 근육 성장, 볼륨 증가
- **60% 12회**: 근 비대 극대화
- **50% 20회 이상**: 근지구력 향상, 체지방 감소, 다이어트 효과

이런 구성은 단순한 반복을 넘어서, 한계를 넘는 자신감을 만들어 줍니다. 체계적인 운동 계획과 데이터가 있으면, 혼자서도 꾸준히 중량을 올리며 '몸의 우상향'을 만들어 낼 수 있습니다.

고통 없이 얻는 쾌락은 쉽게 잃는다

운동은 고통스럽습니다. 하지만 고통 없이 얻는 쾌락은 쉽게 사라집니다. 이건 돈도 마찬가지입니다.

지금 시장에서 느끼는 고통은 우리가 이전에도 견뎌야 했던 것들입니다. 이런 고통의 벽을 마주하고도 패닉에 빠지지 않고 견뎌낸 사람들은 더욱 단단해집니다. 그들은 수익의 가치를 진정으로 이해하기에, 100원의 수익조차 소중히 여깁니다.

저 역시 스쿼트 220kg, 데드리프트 215kg, 벤치프레스 120kg이라는 기록을 하루아침에 만든 것이 아닙니다. 중·고등학생 시절부터 새벽, 오전, 오후, 야간까지 반복한 수천 시간의 훈련이 지금의 저를 만들었습니다. 수많은 도전과 실패, 부상과 회복을 반복했고, 그 결과 몸이라는 자산도 꾸준히 우상향하게 된 것입니다.

항아리 이론: 근육은 기억한다

저는 몸에 대해 '항아리 이론'을 갖고 있습니다. 몸은 항아리고, 운동은 물입니다. 운동을 할수록 항아리는 커지고, 물이 채워집니다. 중요한 건, 한 번 커진 항아리는 쉽게 작아지지 않는다는 것입니다.

실제로 저는 고등학교 이후 3년 동안 운동을 쉬었지만, 군 제대 후 단 6개월 만에 과거의 운동 기록을 거의 회복할 수 있었습니다. 몸은 기록을 기억하고, 성실했던 시간은 사라지지 않습니다.

젊을 때 몸에 투자해야 노후가 든든하다

사람들은 은퇴를 대비해 50세까지 돈은 열심히 저축하면서, 건강 저축은 잘 하지 않습니다.

저는 골밀도를 유지하기 위해 지금도 매주 스쿼트 100kg을 10개씩 4세트 합니다. 저의 스쿼트 10개씩 할 수 있는 최대 중량은 160kg이지만, 장기적으로 지속 가능한 무게로 관리합니다. 저의 웨이트 트레이닝, 계단 오르기, 건강한 식사는 모두 미래의 나를 위한 투자입니다.

몸에 대한 투자는 늦을수록 손해입니다. 지금부터라도 하루하루 조금씩 시작해 보세요. 노후에는 엄청난 자산이 되어 돌아올 겁니다.

통증의 본질: 보호와 보상

우리는 왜 아플까요? 재활 관점에서 말하자면, 대부분의 통증은 '보호 기전'과 '보상 기전' 때문입니다.

예를 들어, 발목을 다친 사람이 있다고 가정해 봅시다. 발목이 부으면 그것은 보호 기전입니다. 과사용을 막기 위한 염증이죠. 이 사람이 절뚝이며 걷기 시작하면, 보상 기전이 발생합니다. 잘못된 보행으로 인해 무릎이나 허리가 아파지게 됩니다.

인체는 각 부위에 따라 '가동성'과 '안정성' 역할이 나뉘어 있습니다:

- 발가락: 가동성
- 발바닥: 안정성
- 발목: 가동성
- 무릎: 안정성
- 골반: 가동성
- 허리(요추): 안정성
- 흉추: 가동성
- 날개뼈: 안정성
- 어깨: 가동성

예를 들어, 무릎 통증은 무릎 자체의 문제가 아닐 수 있습니다. 실제 문제는 발목이나 골반일 가능성이 높습니다. 이런 이해가 있어야 제대로 된 재활과 운동이 가능합니다.

진정한 재활은 아프기 전에 하는 것

진정한 재활은 통증이 생긴 이후가 아니라, 통증이 생기기 전에 미리 몸을 관리하는 것입니다.

제가 꾸준히 발목, 골반, 흉추를 스트레칭하고, 매달리기 같은 동작을 반복하는 이유입니다. 저는 70세, 80세가 되어도 통증 없이 움직이고, 스쿼트를 할 자신이 있습니다. 그 자신감은 하루하루 쌓아 온, 몸에 대한 투자 덕분입니다.

결론: 오늘 당신이 투자해야 할 최고의 자산은?

건강이 뒷받침되지 않는 부는 허상입니다. 우리는 매일 돈을 관리하듯, 매일 몸을 관리해야 합니다. 마치 자산이 복리로 성장하듯, 우리의 몸도 오늘의 작은 운동, 스트레칭 하나로 우상향할 수 있습니다.

몸은 당신이 소유한 유일한 자산이자, 가장 소중한 자산입니다. 건강이야말로 당신이 절대 잃어선 안 될 진짜 부입니다.

21

FOMO와 후회

- 투자 심리의 함정

투자 심리의 함정

몸에 투자한 후, 이제는 자산에 투자할 때

앞서 우리는 '몸'이라는 최고의 자산에 투자하는 법에 대해 이야기했습니다. 건강한 몸은 모든 부의 토대가 됩니다. 이제 금융 자산에 투자할 때 흔히 빠지는 심리적 함정에 대해 살펴보겠습니다.

손실을 인정하지 못하는 마음

투자를 하는 사람들은 경력이 많든 적든, 손실이 발생했을 때 이를 인정하지 않으려는 경향이 있습니다. 그 손실을 어떻게든 회피하고 싶어서 더 큰 한 방을 노리게 됩니다. 이를 시장에서는 '손실 회피'라고 부릅니다.

사람들이 가장 큰 실수를 하는 상황 중 하나가 바로 이것입니다. 수익은 그에 대한 마땅한 보상이라 생각하고 당연하게 여기지만, 손실 하나만큼은 인정하지 못하고 감정에 휩쓸려 더 큰 손실을 불러오게 됩니다.

투자 심리의 두 가지 함정

투자 심리에는 특히 위험한 두 가지 단계가 있습니다.

- **손실 회피**: 손실을 인정하지 않고 회피하려는 심리
- **복수 매매**: 뜻대로 되지 않아 더 큰 한 방을 노리는 심리

이 두 가지만 조심한다면 시장에서 돈을 크게 잃을 일은 없습니다. 내가 오늘 얼마의 손실을 보았든, 그 돈은 잠시 시장에 맡겨둔 것이라고 생각해야 합니다.

투자 시장에서 오랜 기간 생존하려면, 손실을 컨트롤하는 감정과 손실이나 이익이 발생했을 때 어떤 마음으로 감정을 조절할지를 미리 생각해 두는 것이 중요합니다.

승부사가 아닌 생존자가 되어라

"이 자산으로 얼마를 벌 수 있을까?"를 고민하기보다, 심리적으로 장기간 이 시장에서 살아남으려면 인간이 본능적으로 거부하는 '손실을 인정하는 단계'부터 시작해야 합니다. 승부를 보려고 하지 말고, 남들의 수익에 연연하지 말아야 합니다.

FOMO: 기회를 놓치는 것에 대한 두려움

FOMO는 Fear of Missing Out, 즉 '기회를 놓치는 것에 대한 두려움'을 의미합니다.

투자자들은 자산 가격이 급등할 때, 마치 자신만 뒤처지는 듯한 불안감을 느끼며 무리한 진입을 하게 됩니다.
이 심리는 이성적인 판단을 흐리게 만들고, 고점에서 매수하게 되는 가장 큰 원인이 되기도 합니다.

FOMO는 "지금 안 사면 영영 기회를 잃을지도 모른다"는 착각에서 시작됩니다.

내 경험: FOMO 심리와 후회

2023년 7월, 저는 200만 원인 자산을 보았지만 구매하지 않았습니다. 12월이 지나고 그 자산이 최고가인 590만 원을 찍을 때, 저는 더 이상 참지 못하고 3개를 구매했습니다.

그러나 매수 직후, 8개월간 가격은 295만 원까지 하락했습니다. 이 기간 동안 저는 추가로 4개를 더 매수해 총 7개를 모았습니다. 물론 힘들었지만, 장기 투자 마인드로 이 자산이 우상향할 것이라는 확신을 갖고 기다렸습니다.

그리고 2024년 12월, 다시 590만 원까지 올랐을 때 저는 "왜 수량 10개를 채우지 못했을까?"라는 후회를 했습니다.

대중심리의 함정

사람들은 항상 하락 구간에서 매집하지 못하고, 자산의 가격이 미친 듯이 오를 때 뒤늦게 구매하는 경향이 있습니다. 자산이 1만 원일 때는 사지 않다가, 10만 원, 심지어 100만 원이 되었을 때 비로소 그 가치를 인정하고 뛰어듭니다.

이런 심리야말로 투자에서 우리가 극복해야 할 가장 큰 장애물입니다. 마치 몸을 단련하듯, 투자 심리도 꾸준히 훈련해야 합니다.

몸과 마음, 모두 자산이다

몸이 최고의 자산이라면, 투자 심리를 다스리는 마음 또한 소중한 자산입니다. 몸에 투자하듯 당신의 투자 심리에도 투자하세요. 그것이 진정한 부를 이루는 길입니다.

22

마무리

• 루틴, 우상향, 그리고 마인드셋

루틴, 우상향, 그리고 마인드셋

루틴: 꾸준함의 힘

다이어트, 운동, 공부. 이 세 가지는 어쩌면 다르게 보이지만, 결국 하나로 통합니다. 그것은 반복적인 일상을 루틴화하며 꾸준히 나아가는 것입니다. 특별한 하루가 아닌 평범한 하루들을 성실하게 쌓아 가는 것, 그것이 결국 우리 인생을 우상향하게 만듭니다.

인생에서 가장 중요한 것은 무엇인가?

지능일까요? 체력일까요? 인간관계일까요? 목적의식일까요?
저는 이 모든 것을 뛰어넘는 단 하나의 답을 이야기하고 싶습니다.
바로 마인드입니다.

누구도 당신을 믿어 주지 않을 때, 오직 자신을 100% 믿을 수 있는 마음가짐, 그것이야말로 도전의 시작점입니다. 행복을 꿈꾸고, 도전을 시작하는 모든 이들에게 있어 마인드는 돈이나 자산보다 훨씬 더 본질적인 가치입니다.

가장 큰 적은 외부가 아니라 내부다

우리의 가장 큰 적은 외부 환경이나 남들이 아닙니다. 바로 우리 자신입니다. 그 나약한 내면을 가장 든든한 팀으로 만드는 방법은 단 하나, '마인드셋'을 통해 내면을 설득하는 것입니다.

왜 지금 이걸 해야 하는지, 왜 힘들어도 멈추면 안 되는지를 지금부터 충분히 설득해 두어야 합니다. 위기의 순간이 닥쳤을 때, 내면의 목소리가 나를 포기하게 만드는 것이 아니라, 오히려 나를 다시 일으켜 세우는 동기부여가 되어야 하기 때문입니다.

그때 비로소 우리는 과거의 나를 이기고, 미래의 나를 이길 수 있는 상태가 됩니다. 이것이 바로 완전한 마인드셋의 상태입니다.

숨기지 마세요, 똑바로 마주하세요

올해 초 새해에 세웠던 목표들, 지금은 잊어버렸거나 피하고 싶은 그것들. 숨기지 말고 다시 똑바로 마주하세요. 그리고 절대 포기하지 마세요. 지금 나 자신을 설득하지 못하면, 앞으로 맞이할 수많은 도전들도 결국 내 안의 내가 방해하게 될 것입니다.

학창 시절을 떠올려 보세요

그 시절, 공부하는 방법을 몰라서 공부 안 했나요? 아니죠. 왜 공부해야 하는지를 몰랐거나, 알면서도 지속하지 못했던 것이 문제였죠.

다이어트도 마찬가지입니다. 운동도, 공부도 마찬가지입니다. 무언가를 꾸준히 해 나갈 때 생기는 지루함과 따분함을 이겨내야만 결과를 얻을 수 있습니다.

쉽지 않습니다. 쉬웠다면 모두가 공부 잘하고, 운동 잘하고, 다이어트도 성공했겠죠.

그래서 우리는 '상상'해야 합니다

우리는 나약한 인간입니다. 그렇기 때문에 보이지 않는 멋진 미래를 상상하면서, 그 꿈에 가장 적합한 방법을 찾고, 그 방법이 맞다고 확신하면 끝까지 지속해야 합니다.

저도 마찬가지였습니다. 제가 "책을 써 보겠다"고 말했을 때, 제 주변 사람들의 반응은 대부분 부정적이었습니다.

"진수 너 성공한 거 아니잖아."

당연히 기대했던 반응들이 나오지 않자 실망도 했습니다. 그때 떠올랐던 말이 있습니다.

"인생은 무거운 기차와 같다. 처음엔 아무리 밀어도 꿈쩍하지 않는 것처럼 느껴진다. 힘들고, 느리고, 때론 포기하고 싶을 만큼 버겁다. 하지만 그 첫걸음을 떼는 순간, 기차가 움직이기 시작하면 그 추진력은 멈출 수 없을 만큼 강해진다."

중요한 건 시작입니다. 그 단 한 번의 용기. 작은 발걸음이 모든 변화를 만듭니다.

그리고 저는 책을 쓰기 시작했습니다.

저는 시작했습니다. 부정적인 반응들을 뚫고, 내가 공부해 온 장기 투자의 마인드셋을 담아, 단 한 사람에게라도 도움이 될 수 있다면 만족한다는 마음으로 말이죠.

아니, 저는 이미 만족합니다.

이 책을 쓰며 제 목표는 더 명확해졌고, 저는 이 과정을 통해 더욱 단단해졌습니다.

당신에게 1,000만 원밖에 없어도 마인드는 100억대 자산가처럼 살아야 합니다.
저는 실제로 아직 목표인 최소 200억 자산가가 된 것도 아니고, 목표를 완전히 이룬 상태도 아닙니다. 하지만 저는 매일을 200억 자산가의 마인드로 살아가고 있습니다.

왜냐고요?

반드시 이룰 거라는 확신이 있으니까요. 저는 단 한 번도 이 목표를 불가능하다고 생각해 본 적이 없습니다.

이제, 당신의 차례입니다.

이제 이 책을 덮는 당신에게 말하고 싶습니다.

단 한 사람에게라도 도움이 될 수 있다면, 저는 만족합니다. 아니, 저는 이미 만족했습니다.

이제는 당신의 기차를 움직일 차례입니다. 작은 한 걸음이, 결국 모든 것을 바꿉니다.

우상향하는 나의 인생

1판 1쇄 발행 2025년 5월 30일

저자 좌진수

교정 신선미　**편집** 윤혜린　**마케팅·지원** 이창민

펴낸곳 (주)하움출판사　**펴낸이** 문현광

이메일 haum1000@naver.com　**홈페이지** haum.kr
블로그 blog.naver.com/haum1000　**인스타그램** @haum1007

ISBN 979-11-7374-031-2(03320)